# Mose

BIBLISCHE GESCHICHTEN IN BEGEGNUNG MIT JUDENTUM UND ISLAM

Helgard Jamal (Hrsg.)

5

Helgard Jamal

# Mose
# Interreligiöse Bildung

Mit Kindern Gott entdecken | Mit Natur gestalten | Mit Figuren erzählen

Mit Beiträgen von:

Esther Barbara Ellrodt-Freiman

Bruno Landthaler

Hamideh Mohagheghi

Heidi Räß

Hans Joachim Schliep

Eva Stattaus

Anne Tarrach

Bibliografische Information
der Deutschen Nationalbibliothek
Die Deutsche Nationalbibliothek verzeichnet diese Publikation in der Deutschen Nationalbibliografie; detaillierte bibliografische Daten sind im Internet über http://dnb.d-nb.de abrufbar.



Buchgestaltung: Rainer Kuhl

Fotoaufnahmen: Seiten 17-42, Rainer Kuhl

Bodenbildgestaltung: Seiten 17-42, Helgard Jamal

Weitere Fotoaufnahmen: Helgard Jamal



Berlin, 2019

E-Mail: post@ebverlag.de

Internet: www.ebverlag.de

ISBN: 978-3-86893-269-0

Druck und Bindung: Westermann Druck, Zwickau

Printed in Germany

# Inhaltsverzeichnis

# Autorenverzeichnis

**Esther Ellrodt-Freiman**, geboren 1942 in Dresden, verheiratet, ein Kind, vier Enkelkinder; diplomierte Erzieherin und Montessori-Lehrerin; Leiterin der Kindergärten der Jüdischen Gemeinde in Frankfurt am Main bis zur Pensionierung; seit 2007 Beauftragte für interreligiösen Dialog, Redakteurin der Gemeindezeitung, Mitglied beim »Runden Tisch« von Christen und Juden im Zentrum Ökumene; Dozentin an der Jüdischen Volkshochschule; im Arbeitskreis »Im Dialog« der Evangelischen Studierendengemeinde (ESG) Darmstadt; Referentin für jüdische Geschichte und Kultur; Synagogenführerin.

**Helgard Jamal**, Dr. phil., geboren 1951 im Raum Osnabrück, verheiratet, zwei Kinder, zwei Enkelkinder; Dipl. Pädagogin, Referentin für interreligiöse Bildung, Lehrbeauftragte an der Universität Duisburg-Essen, 1976-2013 Dozentin in der Ausbildung von Erzieher/-innen für Evangelische Religion, Pädagogik, Psychologie und Koordinatorin des Pastoralen Dienstes der v. Bodelschwinghschen Stiftungen Bethel in Hannover. Dissertation: Die Bedeutung des interreligiösen Lernens für Erziehung und Bildung (1996). Seit 2006 Herausgeberin der Buchreihe: Biblische Geschichten in Begegnung mit Judentum und Islam.

**Bruno E. Landthaler**, geboren 1957 am Bodensee, verheiratet, drei Kinder; Studium der Theologie, Philosophie, Judaistik in Tübingen, Jerusalem, München und Berlin; freier jüdischer Theologe; im Bereich der Weiterbildung von Religions- und Ethiklehrer/-innen tätig, unter anderem an der Hessischen Lehrerakademie; Publikationen zu religionspädagogischen Themen; zusammen mit Prof. Dr. Hanna Liss Veröffentlichung der fünfbändigen Kindertora »Erzähl es deinen Kindern« und der »Grundlagentexte der Religionen: Judentum«.

**Hamideh Mohagheghi**, geboren 1954 in Teheran/Iran, verheiratet, zwei Kinder, vier Enkelkinder; Studium: Jura im Iran, Religionswissenschaft und Rechtswissenschaft an der Leibniz Universität Hannover; wissenschaftliche Mitarbeiterin am Seminar für Islamische Theologie und Zentrum für Komparative Theologie und Kulturwissenschaften der Universität Paderborn; Sprecherin des Rates der Religionen in Hannover; seit über 30 Jahren Referentin für interreligiösen Dialog. 4.10.2016 Überreichung des Bundesverdienstkreuzes durch Bundespräsident Joachim Gauck für interreligiöse und interkulturelle Verständigung.

**Heidi Räß**, geboren 1970 in Bogen, verheiratet, zwei Kinder; Studium für das Lehramt Grundschule an der Universität Regensburg; seit 2001 verbeamtete Grundschullehrerin mit der Lehrbefähigung evangelische Religionslehre und der Erteilung der Vocatio; seit 2003 als Grundschullehrerin im Landkreis Straubing-Bogen tätig; seit 2016 von der Regierung in Niederbayern zur Fachberaterin für Evangelische Religionslehre für Grund- und Mittelschulen von ganz Niederbayern bestellt.

**Hans Joachim Schliep**, geboren 1945 im Raum Bremerhaven, verheiratet, vier Kinder, ein Enkelkind; Industriekaufmann im Schiffbau; Studium der Evangelischen Theologie an der Ruhr-Universität Bochum; Pastor in Bremerhaven; Oberkirchenrat im Landeskirchenamt Hannover, Direktor des Hauses kirchlicher Dienste, Umweltbeauftragter der evangelischen Kirchen in Niedersachsen, Organisator der ›Hilfe für Tschernobyl-Kinder‹, Gründungs-Pastor am Ev. Kirchenzentrum Kronsberg (Hannover-EXPO 2000); seit 2010 Pastor i. R., Publikationen von Predigten und Referate zu den Themen Wirtschafts-, Technik-, Umwelt-, Tier-, Medizinethik; Teilnahme am Dialog mit Judentum und Islam.

**Eva Stattaus**, geboren 1961 in Wuppertal, verheiratet; Pastorin; seit 1991 tätig in der Aus-, Fort- und Weiterbildung; 1991-2000 am Pädagogisch-Theologischen Institut der Evangelischen Kirche im Rheinland in Bad Godesberg im Fachbereich für Konfirmandenarbeit; seit 2000 Studienleiterin für Gemeindepädagogik und für Religionspädagogische Qualifizierungskurse für pädagogische Fachkräfte in Tageseinrichtungen für Kinder in Mecklenburg-Vorpommern am Pädagogisch-Theologischen Institut der Nordkirche in Greifswald, Lehrbeauftragte der Bibliodrama-Gesellschaft e.V., Hannover.

**Anne Tarrach**, geboren 1953 in Osnabrück, verheiratet, ein Kind; Diplom-Religionspädagogin, Lehrerin für Religion und Kunst, zertifizierte Kirchenführerin; fünf Jahre Diakonin in einer Bremer Kirchengemeinde; Pädagogische Mitarbeiterin in der Erwachsenenbildung bei »Christen für Abrüstung« und in der Evangelischen Heimvolkshochschule Bederkesa; Lehrerin in der Sekundarstufe I und II an einer Bremer Schule bis 2019.

# Vorwort

Gibt es Orte, an denen wir Gott begegnen können? Heilige oder auch heilende Räume? Wenn ***Anne Tarrach*** in ihrem Grundlagenbeitrag zur interreligiösen Bildung den Gewinn symboldidaktischer Zugänge bei der Erkundung sakraler Räume wie Synagoge, Kirche und Moschee beschreibt und damit den Wandel der letzten Jahre von der Kirchenraumpädagogik zu einer Sakralraumpädagogik markiert, sind wir schon mitten im Thema des vorliegenden Bandes: Was verbindet die Religionen? Gibt es eine gemeinsame Suche nach Orten der Gottesbegegnung, nach Kraftorten, an denen Menschen Orientierung und neue Hoffnung schöpfen können? Welche Zusage und Weisung fand Mose in der Gottesbegegnung am brennenden Dornbusch? Und wo ist Gott, wenn auf der Flucht aus der Unterdrückung sichere Lebensräume verloren werden? Ist Gott auch ein wegbegleitender Gott? Mose steht in den abrahamischen Religionen dafür, sich auf den Weg zu machen und dabei auf die Nähe Gottes vertrauen zu dürfen.

Doch welche Bedeutung hat dies für heutige Kinder? Wir alle sehnen uns nach Beziehung, nach einem Gefühl des Verbunden-Seins mit der Natur, mit unseren nächsten Mitmenschen, mit Räumen und auch mit Ritualen, die uns vertraut sind und in denen wir uns wohl fühlen können. Um so mehr sehnen sich Kinder nach dem wiederkehrend Vertrauten, das Geborgenheit vermittelt, aber auch nach dem Neuen, das spannende Entdeckungen verheißt. Beim Lesen dieses von *Helgard Jamal* konzipierten und herausgegebenen 5. Bandes zum Buch Mose kann man eine Ahnung davon bekommen, wie Kinder schon im Vorschulalter inspiriert werden, wenn sie mit Naturmaterialien gestalten dürfen, wenn sie in biblische Geschichten eintauchen und mit Figuren ins Erzählen kommen, ja: wenn sie in und mit diesen Geschichten auch Gott entdecken können.

Doch dabei geschieht noch viel mehr! Denn ***Helgard Jamal*** hat es sich in ihren mit Anschauungsmaterial wunderschön gestalteten Bänden zur interreligiösen Bildung im Elementar- und Primarbereich zur Aufgabe gemacht, biblische Geschichten in die Begegnung mit Judentum und Islam zu bringen. So bekommen die Kinder von klein auf ein Gefühl des Verbunden-Seins mit den großen Menschheitserzählungen, mit dem, was Menschen glauben und hoffen, mit Religion und Religionen. Wie wichtig dies ist, wird schnell deutlich, wenn wir uns vor Augen führen, dass heutige Heranwachsende immer seltener in ihren

Elternhäusern oder in ihren Heimatgemeinden etwas von den Schöpfungserzählungen, von Noah und Abraham, von Mose und David, ja auch von Jesus erfahren. Und wie wichtig wird dies angesichts von Kindertagesstätten und Kindergärten, die längst zu interreligiösen und interkulturellen Begegnungsorten geworden sind. Denn hier zeigt sich: Es ist nicht nur gewinnbringend, sondern auch für das soziale Lernen grundlegend, verstehen zu können, warum jüdische, christliche und muslimische Menschen anders glauben, sich anders kleiden, anderes essen und trinken, zu unterschiedlichen Zeiten anders Feste feiern.

Um so wichtiger scheint dies jedoch gerade an Lebensorten zu sein, in denen sich äußerst selten religiöse Menschen begegnen. Denn, wie uns die Medien tagtäglich vor Augen führen: Gerade da, wo es kaum interreligiöse Begegnungen gibt, wo Menschen verschiedenen Glaubens sich nicht kennenlernen und sich hinsichtlich der Religionen nicht auskennen, entstehen klischeehafte Vorurteile und auch Feindbilder. Wie ***Eva Stattaus*** in ihrem Beitrag zur gestalterischen Umsetzung des Buches Mose in der evangelischen Kindertagesstätte Benz auf der Insel Usedom anschaulich zeigt, soll und muss es für Kinder ein Recht auf (inter)religiöse Bildung auch »in einem religionsschwachen Umfeld« (S. 39) geben, da erwiesenermaßen Nichtwissen und Halbbildung als evidente Hindernisse für ein friedliches Miteinander zu sehen sind. Wie wichtig es also ist, möglichst im Bereich frühkindlicher Entwicklung auf kindgemäße Art und Weise in die mosaische Praxis aus der Perspektive des Judentums (***Esther Barbara Ellrodt-Freimann***) und in das Projekt ›Mose‹ im evangelischen Unterricht einer bayerischen Grundschule (***Heidi Räß)*** hineingenommen zu werden, wird praxisnah und zur Nachahmung geeignet so beschrieben, dass Erzieher/-innen und Lehrkräfte motiviert sein dürften, auf der Basis der bildhaften Erklärungen diese Wege religiöser und interreligiöser Bildung mitzugehen.

Dass hierbei das Interesse zur Vertiefung wächst, ist klar und wird in den abschließenden religionsspezifischen Beiträgen zu ›Geboten und Regeln‹ im Judentum (***Bruno Landthaler***), im Christentum (***Helgard Jamal/Hans Joachim Schliep***) und im Islam (***Hamideh Mohagheghi***) gut und anregend lesbar erfüllt. So gilt auch hier: Wer die Bände dieser Reihe in die Hand nimmt, beginnt unweigerlich – motiviert und inspiriert - den eigenen Praxiskontext religiöser Bildung umzugestalten und sich damit auf einen gemeinsamen friedenspädagogischen Weg zu machen.

Augsburg, 21. Mai 2019 Prof. Dr. Elisabeth Naurath

# I. Grundlagen zur interreligiösen Bildung

Anne Tarrach

## Heilige Räume – Mit Kindern Gott entdecken

### Synagogen, Kirchen und Moscheen in Deutschland – Erfahrungen von Kindern

Synagoge, Kirche und Moschee sind Orte gelebten Glaubens der monotheistischen Religionen Judentum, Christentum und Islam. Diese heiligen Orte sind vielen Kindern heute kaum noch vertraut.

*Synagogen* gibt es fast nur in größeren Städten, die Anzahl jüdischer Gemeinden ist überschaubar. Die Foundation for Jewish Heritage kam 2018 bei der Zählung europäischer Synagogen, die für Gottesdienste genutzt werden, auf ca. 100 in Deutschland.[1] Die wenigen noch vorhandenen historischen Synagogen unterscheiden sich in ihrer architektonischen Gestaltung nicht unbedingt von Kirchen, weisen sich aber bei intensiverer Betrachtung durch ihre Symbolik als solche aus. Vielen Kindern begegnen in ihrem Umfeld keine Menschen jüdischen Glaubens und durch die geringe Anzahl von Synagogen wird eine Begegnung, auch wenn sie wünschenswert ist, nicht immer zu realisieren sein. Wenn eine Synagoge in der Nähe einer Kita[2] oder Grundschule steht, sind dort Gäste willkommen.

*Kirchen* gibt es in Deutschland in nahezu jedem Ort, insgesamt ca. 45.600 Kirchen, ca. 24.500 katholische und ca. 21.100 evangelische Kirchen.[3] Doch aus der großen Anzahl christlicher Gotteshäuser lässt sich keinesfalls ableiten, dass viele Kinder sich in einer Kirche auskennen und zu Hause fühlen. Die Kenntnisse einer Kirchenerfahrung beschränken sich fast immer ausschließlich auf die Teilnahme an Gottesdiensten zu besonderen Feiertagen, zur Einschulung

1 www.zeit.de/zeit-magazin/2018/46synagogen-deutschland-nutzung-deutschlandkarte (abgerufen am 10.01.2019).

2 Die Kindertagesstätte wird in diesem Buch mit Kita bezeichnet.

3 https://de.statista.com/statisik/daten/studie/36948/umfrage/anzahl-der-moscheen-und-kirchen-in-deutschland/2019 (abgerufen am 10.01.2019).

des Kindes oder Anlässen wie Heiligabend oder Taufe eines Geschwisterkindes. Einige Kinder besichtigen in den Ferien gemeinsam mit ihren Eltern Kirchen. Etliche Kinder haben noch nie eine Kirche betreten, wissen aber genau, wo sie sich in ihrem Ort oder Stadtteil befindet. Denn Kirchen prägen das Bild eines Ortes, unterscheiden sich durch ihre Architektur von den umliegenden Gebäuden und sind auch anhand ihrer Symbole gut zu identifizieren. Christliche Kirchen sind offen für alle Interessierten, unabhängig von Religionszugehörigkeit, Konfession, Weltanschauung oder nichtreligiöser Prägung. Einem Besuch einer Kitagruppe oder Schulklasse steht nach Anfrage im Gemeindebüro nichts im Wege.

*Moscheen* lassen sich in vielen Stadtteilen und Gemeinden finden, sind aber oft aus unterschiedlichen Gründen nicht auf den ersten Blick als solche erkennbar, von repräsentativen Neubauten klassischer Moscheen mit Minarett und Kuppel abgesehen. Es gibt 143 klassische Moscheen und 2.660 nicht klassische Moscheen in Deutschland.[4] Wer muslimische Schülerinnen und Schüler oder Eltern von Kitakindern fragt, wird den Standort einer Moschee in der Nähe und oft auch den Namen einer Kontaktperson erfahren. Es gibt muslimische Kinder, die sich in »ihrer« Moschee auskennen und sie als Ort des Gebetes und des Gemeindelebens erleben. Fast alle muslimischen Gemeinden sind darauf eingestellt, in ihrer Moschee Besuch von Kitagruppen oder Schulklassen zu empfangen und erweisen sich als engagierte Gastgeber. In Absprache mit den Gemeindeleitungen lassen sich Moscheeerkundungen durchführen.

## Erkundungen sakraler Räume als Beitrag zur interreligiösen Bildung

Vor einigen Jahren lag in meinem Fach in der Schule ein Flyer mit dem Titel: »Räume der Stille zum Sprechen bringen«. Er informierte über eine ökumenisch ausgerichtete kirchenpädagogische Ausbildung mit dem Ziel, das Zertifikat als Kirchenführerin zu erlangen.

Meinen Schülerinnen und Schülern die Begegnung mit heiligen Räumen zu ermöglichen, war mir im Rahmen des Religionsunterrichts immer wichtig, denn Gebäude, Räume und Inventar veranschaulichen Grundgedanken der Religion im jeweiligen Zeitkontext und bieten sich damit als unerschöpflicher außerschulischer Lernort an. Gleichzeitig sind Synagogen, Kirchen und Moscheen

4 A.a.O.

Ausdruck von Spiritualität und Glaubensgeschichte einer Gemeinde und ihrer Mitglieder. Sie regen durch die jeweilige Gestaltung zu Fragen nach den dahinterstehenden Inhalten und Lebenskonzepten an.

Darüberhinaus leisten sie einen relevanten Beitrag zur interreligiösen Bildung, da durch den Besuch dieser besonderen Orte eine Grundhaltung der Offenheit, Neugier und Akzeptanz gegenüber der eigenen oder »fremden« Religion eingeübt werden kann. Das Kennenlernen sakraler Räume fördert gegenseitiges Verstehen und bildet die Basis für Achtsamkeit und Respekt gegenüber dem Fremden, dem jeweils anderen religiösen Ausdruck. So wird es auch dem übergeordneten Bildungsziel gerecht, der Erziehung zu Respekt und Toleranz.

Dieser Ansatz findet sich in allen Rahmenplänen für das Fach Religion in der Grundschule. In Hamburg ist der Besuch einer christlichen Kirche sowie eines nichtchristlichen religiösen Ortes für Klasse 4 verbindlich vorgeschrieben.

Um meine Kenntnisse auf der Basis der bisher sehr positiven Erfahrungen mit Kirchenerkundungen und dem Besuch anderer religiöser Räume zu vertiefen, absolvierte ich die kirchenpädagogische Ausbildung und war begeistert von der Fülle der Möglichkeiten und Methoden, die bereits entwickelt wurden, um heilige Räume zum Sprechen zu bringen.

Inzwischen wird auch die Moscheepädagogik immer weiter entwickelt und das Interesse an einer kindgerechten Vermittlung wächst. Viele Elemente der Kirchenpädagogik können auch hier berücksichtigt werden.

Kirchenerkundungen können selbstständig durchgeführt werden, wobei es natürlich sinnvoll ist, das Gotteshaus und seine Gestaltung zu kennen. Fachkundige Unterstützung bei der Vorbereitung bieten viele Gemeinden an, häufig in der Person eines zertifizierten Kirchenführers. Bei meinen Besuchen mit Lerngruppen in Moscheen übernahm in der Regel eine kompetente Person aus der Gemeinde, meistens der Imam, die Führung durch das Gebäude. Probleme mit Eltern, die Vorbehalte gegenüber dem Besuch des Gotteshauses einer jeweils anderen Religion äußern, habe ich nie erlebt. Wichtig ist, darauf hinzuweisen, dass es im Rahmen von Kita oder Schule um *Bildungsprozesse* geht. Kinder sollen sakrale Räume als Orte des Glaubens verschiedener Religionen kennenlernen, um diese besser zu verstehen. Die Religionen stehen gleichberechtigt nebeneinander. Der eigene Glaube kann als eine Möglichkeit der Lebensbewältigung dargestellt werden, daneben gibt es auch andere Glaubensinhalte, denen ebenso mit Respekt zu begegnen ist.

## Heilige Orte – Wohnt hier Gott?

Was ist gemeint, wenn von heiligen Orten gesprochen wird?
Es ist eine andere Erlebenswelt; wer eine Kirche betritt, lässt das Profane, Weltliche, Alltägliche hinter sich. Er betritt einen geweihten Ort, einen Ort, der in besonderer Weise gestaltet wurde, damit Menschen Gott begegnen können, einen Raum für Gottesdienst und Gebet, einen Raum der Stille. »Wohnt hier Gott?« fragen Kita-Kinder. Und die Antwort könnte lauten: »Gott braucht vielleicht nicht so eine Wohnung. Aber für Menschen, die an ihn glauben, wurde hier ein Raum geschaffen, in dem sie sich Gott besonders nahe fühlen können. Viele Dinge in diesem Raum helfen ihnen dabei. Sie weisen darauf hin, wie die Begegnung mit Gott auf die Gläubigen wirkt, wie die Begegnung *heil* machen kann.«

Heilige Orte sind somit auch als *Kraftorte* zu verstehen, weil Menschen hier Geborgenheit erfahren, Hoffnung und neue Kraft schöpfen können. Die besondere Ausstrahlung des Kultraumes hilft Menschen, sich auf die Begegnung mit Gott vorzubereiten und einzustellen. »Kirchenräume haben eine Wirklichkeit, die wirkt und der man sich nicht so einfach entziehen kann.«[5] Diese Atmosphäre und ihre Wirkung spüren oft auch Menschen, die sich als kirchenfern bezeichnen. Eine Begegnung mit Gott kann auch an anderen Orten und zu jeder Zeit geschehen. In der Bibel wird davon erzählt, wie Gott Mose im brennenden Dornbusch begegnet (Seite 22). Juden, Christen und Muslime begegnen Gott im Gebet, welches an jedem Ort stattfinden kann. Gemeinsame Gebete, wie zum Beispiel in der Moschee dicht nebeneinander knieende Menschen, entfalten jedoch eine besondere Wirkung, wozu auch die räumliche Gestaltung beiträgt.

## Ziele der Kirchenpädagogik

Kirchenpädagogik oder Kirchenraumpädagogik möchte Menschen jeden Alters *und* einen sakralen Raum durch vielfältige Methoden der Erschließung in eine Beziehung bringen. Im Gegensatz zur traditionellen Kirchenführung in Form

5 Rupp, Hartmut (Hrsg.), Handbuch der Kirchenpädagogik. Kirchenräume wahrnehmen, deuten und erschließen, Stuttgart 2006, S. 24.

eines Vortrags, der die Teilnehmenden vorwiegend auf der kognitiven Ebene anspricht, zielt die kirchenpädagogische Arbeit darauf, persönliche Erfahrungen und interaktive Prozesse unter Einbeziehung aller Sinne zu initiieren. So beginnt eine Erkundung immer mit der bewussten Wahrnehmung und Beschreibung des sakralen Raumes und der eigenen Empfindungen darin. Die nächsten Schritte sind das Erklären, Deuten und Erschließen der Elemente einer Kirche. In den acht Thesen des Bundesverbandes Kirchenpädagogik e.V. wird das, was Kirchenpädagogik leisten soll formuliert. Kirchenräume sollen nicht ausschließlich sprachlich und visuell erschlossen werden, sondern auch im »Durchschreiten, Ertasten, Empfinden«.[6] Der individuelle Lebenshorizont der beteiligten Menschen, ihr persönlicher, möglicherweise fremder Blick, soll bewusst in eine Beziehung zu dem gesetzt werden, was der Kirchenraum vermittelt. Dabei können Zugänge zu religiösen Erfahrungen ermöglicht sowie eine persönliche Standortbestimmung initiiert werden.

## Zur Vorbereitung der Erkundung von sakralen Räumen

Zur Vorbereitung einer Kirchenerkundung mit Kita- oder Grundschulkindern steht eine Fülle kirchenpädagogischer Literatur mit vielen Anregungen, Informationen und methodischen Vorschlägen zur Verfügung.[7] Im schulischen Rahmen wird der Besuch eingebettet sein in ein vom Lehrplan vorgegebenes Unterrichtsthema. Die Planung wird sich an der Lerngruppe und dem Lernort, der jeweiligen Heiligen Orte und nicht zuletzt an der eigenen Haltung und Einstellung orientieren.

Im Sinne der interreligiösen Bildung könnte der thematische Einstieg mit der Betrachtung und Beschreibung der Holzmodelle von Synagoge, Kirche und Moschee[8] beginnen: Welche Gemeinsamkeiten und Besonderheiten lassen sich benennen? Kennen die Kinder die Symbole der Gebäude und was verbinden sie damit?

---

6 Siehe Thesen zur Kirchenpädagogik 2002, herunterzuladen bei www.kirchenpaedagogik.de, These 2 (abgerufen am 10.01.2019).

7 Siehe: Roland Biewald, Bärbel Husmann, Bärbel (Hrsg.), Kirchenräume: Impulse für kirchenpädagogisches Lernen, Leipzig 2012 oder www.tpi-moritzburg.de/download/elementar_kirchenraum.pdf oder www.kirche-entdecken.de.

8 Holzmodelle: Synagoge, Kirche, Mosche, siehe www.interreligioes-bilden.de/materialien/ (abgerufen am 10.01.2019).

## Die Symbole der Synagoge

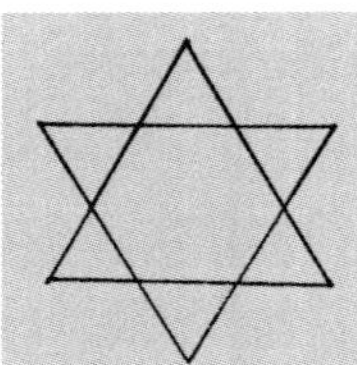

Der *Davidstern* verweist auf König David[9], den bedeutendsten König des Volkes Israel und stellt dessen Schild dar. Zwei untrennbar miteinander verflochtene Dreiecke sind Zeichen für die Verbundenheit mit Gott. Dieses religiöse Symbol befindet sich auch auf der Flagge des Staates Israel.

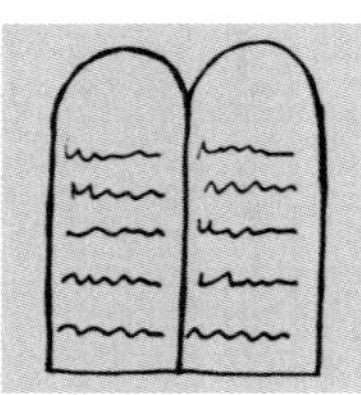

Die *Gesetzestafeln*, die Mose am Sinai von Gott erhalten hat (Seite 34), stehen für das jüdische Zehnwort; Christen kennen sie als die 10 Gebote. Die Tora ist auch ein Gesetzeswerk, Juden kennen 613 Gesetze.[10]

## Die Symbole der Kirche

Das *Kreuz* ist das wichtigste Zeichen des Christentums. Jesus Christus starb am

Kreuz, um alle Menschen von ihren Sünden zu erlösen. Gott hat ihn vom Tod auferweckt. So ist das Kreuz auch ein Zeichen des Lebens. Es erinnert an die Auferstehung und daran, dass die Liebe Gottes zu den Menschen grenzenlos ist.[11]

---

9 Siehe: Helgard Jamal (Hrsg.), David – Interreligiöse Bildung, Biblische Geschichten in Begegnung mit Judentum und Islam, Berlin 2018.

10 Siehe Seite 91–99.

11 Siehe: Helgard Jamal (Hrsg.), Ostern – Tod und Auferstehung, Biblische Geschichten in Begegnung mit Judentum und Islam, Berlin 2013.

*Brot und Kelch* gehören zum Abendmahl und erinnern an die letzte Mahlzeit Jesu im Kreis seiner Jünger und an seinen Auftrag, über den Tod hinaus in Verbindung zu bleiben. Mit Brot und Wein oder Traubensaft feiern die Christen im Gottesdienst das Abendmahl als Zeichen der Gemeinschaft mit Jesus Christus und untereinander. Durch das gemeinsame Abendmahl erfahren sie eine Stärkung ihres Glaubens[12].

## Die Symbole der Moschee

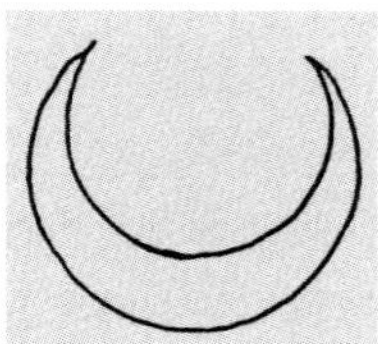

Die nach oben geöffnete *Mondsichel* weist darauf hin, dass die islamische Zeitrechnung sich nach den Phasen des Mondes richtet, wichtige religiöse Zeiten werden durch die Mondsichel angezeigt. Sie erinnert daran, wie Mond und Sterne in früheren Zeiten Reisenden in den arabischen Ländern zur Orientierung dienten. Durch die Offenbarung des Korans zeigt Gott den Gläubigen nun die Richtung durch den Koran.

Die *fünf Säulen* stehen für die fünf Pflichten des Islam, die alle Gläubigen erfüllen sollen: das Glaubensbekenntnis zu Gott und Muhammad als dessen Gesandten, das tägliche Gebet fünfmal am Tag, die Armensteuer für Bedürftige, das jährliche Fasten im Monat Ramadan und die Wallfahrt nach Mekka, die, wenn gesundheitlich und finanziell möglich, einmal im Leben durchgeführt werden soll.

Nach diesem thematischen Einstieg kann die Erkundung einer Synagoge, Kirche oder Moschee realisiert werden.

## Kirchenerkundung mit Kindern

Ein Kreuz lässt sich in jeder Kirche in sehr unterschiedlicher Gestaltung wiederfinden, so wie auch jede Kirche ihre eigene Ausprägung hat. Deshalb können Kinder zunächst erzählen, was sie über Kirchen wissen, welche Kirche sie schon kennen, wie diese Kirche heißt und wo sie sich befindet. Da eine Kirchenerkun-

12 A.a.O.

dung dem Prinzip ›Von außen nach innen‹ folgt, wird schon der Weg dorthin, die Lage und Umgebung des Gotteshauses bewusst wahrgenommen und thematisiert. Zum Beispiel: Warum stehen Kirchen häufig an exponierter Stelle, oft in der Mitte eines Ortes?

Vor dem Kirchenbesuch sollten mit den Kindern Verhaltensvereinbarungen getroffen werden, wie zum Beispiel: »In der Kirche laufen wir nicht.« Regeln vermitteln besonders Kindern, die noch nie eine Kirche betreten haben, Sicherheit und Orientierung.

Die Kinder erforschen nun das Äußere der Kirche: Ihre Größe und Gestalt, die Anzahl der Türme, die verwendeten Baumaterialien. Die architektonischen Besonderheiten werden untersucht, gemessen, berührt. Auch der Übergang von außen in den sakralen Raum wird sorgfältig gestaltet.Wie sieht das Portal aus? Gibt es einen Vorraum? Welche Bedeutung hat er?

Nach dem Betreten des Gotteshauses haben die Kinder Zeit, den Raum auf sich wirken zu lassen und einen eigenen Zugang zu finden, indem sie ihn durchschreiten, sich in ihm bewegen, Oberflächen ertasten, Licht, Farben und Gerüche auf sich wirken lassen, Klänge wahrnehmen und Stille erleben, sich einen Platz suchen, an dem sie sich wohlfühlen. Aus den Wahrnehmungen werden sich viele Fragen ergeben. Im Anschluss daran findet der Austausch über die persönlichen Erfahrungen und Gefühle statt. Die Fragen werden gesammelt und nach Möglichkeit beantwortet. In weiteren Schritten werden die Elemente des Kirchenraumes mit kindgerechten Methoden[13] handlungsorientiert und kreativ gedeutet und erschlossen. Dafür ist es hilfreich, einen Methodenkoffer für Kirchenpädagogik dabei zu haben.[14]

Bevor die Kirche verlassen wird, kommen alle zu einem gemeinsamen Abschluss zusammen.

---

13 Siehe zum Beispiel: www.gottesdienst-ekir.de ›kirchenpaedagogik (abgerufen 10.01.2019).

14 Inhalt Methodenkoffer Kirchenpädagogik: Taschenlampe mit Spotlight-Funktion; rote Fragezeichenkarten (laminiert DIN A 6-Format); grüne Ausrufezeichenkarten (laminiert im DIN A 6-Format); Miniwhiteboards (laminierte weiße Kartonblätter im DIN A 4-Format); Whiteboard-Stifte; Klemmbretter und Bleistifte; weißes Papier, verschiedene Formate; Farbstifte; Kreppklebeband; Zollstock; farbiges Band; Schere; Bibelworte (laminiert); Teelichter und Streichhölzer; Handpuppe; Symbole auf Karten (laminiert); Glocke; Klanginstrumente; Spiegelfliesen.

II.

# Mose

Helgard Jamal

## Bilderbuch Mose

# 1 | Moses Geburt

Das Volk Israel wohnt nach Josefs Tod in Ägypten. Ein neuer König regiert. Alle müssen ihm dienen. Er hat vor dem Volk Israel Angst. Er sagt: ›Die Israeliten bekommen viel zu viele Kinder, werft die Söhne in den großen Fluss. Das Volk Israel wird sonst zu stark.‹

Ein Sohn wird im Volk Israel geboren. Der Sohn ist gesund und sehr schön! Die Eltern haben zwei Kinder, Mirjam und Aaron. Die Mutter möchte ihr drittes Kind nicht verlieren. Sie nimmt ein Körbchen aus Schilfrohr. Sie dichtet es mit Lehm und Pech ab. Sie legt das Kind in das Körbchen.

Die Mutter setzt das Körbchen ins Schilf am Ufer des Nils. Die Schwester des Kindes versteckt sich in der Nähe. Was wird passieren?

Die Tochter des Pharaos kommt mit ihren Dienerinnen. Sie will im Nil baden. Sie hört das weinende Baby. Sie sieht das Körbchen. Sie hat Mitleid. Sie sagt: ›Ein Sohn aus dem Volk Israel. Ich behalte das Kind!‹

Mirjam, die Schwester des Kindes, läuft zur Tochter des Pharaos. Mirjam sagt: ›Ich kenne eine Frau, die kann dem Kind Milch geben und es stillen.‹ ›Ja,‹ sagt die Tochter des Pharaos, ›hole die Frau, ich werde sie bezahlen.‹ Mirjam holt ihre Mutter.

Die Mutter kann ihr Kind stillen. Als ihr Sohn groß genug ist, bringt sie ihn zur Tochter des Pharaos, die sagt: ›Nun ist er mein Sohn. Er soll Mose heißen!‹

*nach 2. Mose, 1,22–2,10*

# 2 | Unterdrückung des Volkes Israel

Mose lebt im Königshaus. Er ist jetzt ein großer Mann.

Eines Tages besucht er das Volk Israel. Er sieht, die Menschen müssen sehr hart arbeiten. Der König hat Aufseher eingesetzt. Sie treiben zur Arbeit an. Ein Aufseher schlägt einen Israeliten. Mose ist zornig. Er schlägt den Ägypter tot. Er vergräbt ihn im Sand.

Am nächsten Tag geht er wieder dorthin. Zwei Israeliten streiten und schlagen sich. Mose fragt den, der im Unrecht ist: ›Warum schlägst du einen Mann aus deinem Volk?‹ Der Mann sagt: ›Wer bist du? Willst du mich auch umbringen, wie den Ägypter?‹

Moses Tat ist bekannt geworden. Der König will ihn töten. Mose hat Angst.
Er flieht.

*nach 2. Mose 2,11–15a*

Milan
Nr 517
Made in Germany

# 3 | Der Heilige Ort

Mose ist im Land Midian. Er setzt sich an einen Brunnen. Er hilft Frauen, die die Schafe des Vaters tränken. Mose wird zum Essen eingeladen. Er bleibt beim Vater der Töchter.

Nach einiger Zeit heiratet Mose die Tochter Zippora. Sie bekommen ein Kind.

Eine lange Zeit vergeht. Ein neuer König regiert in Ägypten. Das Volk Israel muss weiter hart arbeiten.

Eines Tages geht Mose mit den Schafen bis zum Gottesberg Horeb. Er sieht einen brennenden Dornbusch. Der Busch verbrennt aber nicht. Mose geht neugierig zum Dornbusch.

Gott sieht Mose. Gott spricht zu Mose: ›Ziehe deine Schuhe aus. Du stehst auf heiliges Land. Geh' nicht weiter! Ich bin der Gott deines Vaters, der Gott Abrahams, der Gott Isaaks, der Gott Jakobs. Ich sehe den Schmerz meines Volkes Israel. Ich kenne ihr Leid. Ich höre ihr Schreien. Ich will sie in ein schönes, weites Land führen. Dort fließt Milch und Honig im Überfluss. Du, Mose, sollst mein Volk aus Ägypten führen!‹

Mose fragt: ›Wenn ich zum Volk Israel gehe, was soll ich sagen? Sie werden mich fragen, wer ist dein Gott?‹ ›Ich bin, der ich bin‹, sagt Gott, ›antworte, der >Ich-bin-da< hat mich zu euch gesandt, das ist mein Name ewiglich. Der Gott Abrahams, Isaaks und Jakobs hat mich gesandt.‹

Mose geht mit seiner Familie nach Ägypten.

Gott sagt zu Aaron, Moses Bruder: ›Geh' Mose entgegen.‹ Aaron und Mose treffen sich in der Wüste. Sie gehen gemeinsam zum König Pharao in Ägypten.

*nach 2. Mose 2,15b–4,27*

# 4 | Die zehn Plagen in Ägypten

Der Pharao ist König in Ägypten. Mose und Aaron sprechen mit dem Pharao: ›Lass das Volk Israel ziehen. Gott will es so!‹ Der Pharao sagt: ›*Ich* bin Gott. Das Volk Israel soll noch härter arbeiten!‹ Er hört nicht auf Mose und Aaron. Sie gehen trotzdem jeden Tag zum Pharao und sagen: ›Lass das Volk Israel ziehen! Gott will es so!‹ Doch der Pharao bleibt stur.

Gott greift ein, er schickt zehn Plagen ins Land Ägypten:

1. Das Wasser im Nil verwandelt sich sieben Tage in Blut. Die Fische sterben.
2. Im Nil wimmelt es von Fröschen. Sie kommen bis in die Häuser.
3. Schwärme von Mücken stechen Tiere und Menschen.
4. Eine Menge Fliegen kommen ins Land.
5. Pferde, Esel, Kamele, Rinder und Schafe erkranken an der Pest.
6. Menschen und die Tiere bekommen Geschwüre.
7. Ein furchtbarer Hagel prasselt auf die Erde nieder.
8. Heuschrecken fressen Gewächse und Früchte der Bäume.
9. Drei Tage ist es ganz finster im Land Ägypten.

Doch der Pharao bleibt stur. Von all diesen Plagen bleibt das Volk Israel verschont. Gott sagt zu Mose: ›Der Pharao soll erkennen, dass *ich* Gott bin. Mose, sag' meinem Volk: Backt Brot und schlachtet ein Lamm, bereitet das Fleisch als Proviant vor. Mit dem Blut des Lammes bestreicht eure Türpfosten. Das ist das Zeichen, dass ihr zu meinem Volk gehört. Euch wird nichts geschehen. Dies ist die Nacht der Nächte! Der Engel des Todes geht in jedes Haus der Ägypter.‹

10. In jedem Haus stirbt in dieser Nacht der erstgeborene Sohn in Ägypten. Auch der älteste Sohn vom Pharao ist tot.

Der Pharao befiehlt dem Volk Israel: ›Schnell, verlasst mein Land! Nehmt alles mit! Die Ägypter geben euch Geschenke. Bittet euren Gott, dass er auch mich segnet! Geht los!‹

*nach 2. Mose 7–12*

# 5 | Auszug aus Ägypten

Das Volk Israel zieht fort. Dem Pharao fehlen die Arbeitskräfte. Nach einiger Zeit sagt er: ›Wie dumm, dass die Israeliten weggezogen sind. Wer wird für mich arbeiten? Wir müssen sie zurückholen!‹ Der Pharao und 600 Kämpfer jagen dem Volk Israel hinterher.

Das Volk Israel hat Angst. Es steht vor einem großen Meer. Die Ägypter kommen. Sie sagen: ›Mose, was hast du getan? Jetzt müssen wir hier in der Wüste sterben. Wir wollen dem Pharao dienen.‹ Mose sagt: ›Gott wird uns helfen! Seid still!‹ Das Volk Israel kann nicht weiterziehen. Es steht vor dem Meer. Die Kämpfer der Ägypter kommen immer näher.

Mose reckt seine Hand über das Meer. Das Wasser des Meeres spaltet sich. Ein Weg wird frei. Das Volk Israel geht durch das Meer bis auf die andere Seite.

Die ägyptischen Kämpfer folgen dem Volk Israel. Das Wasser strömt zurück und bedeckt Kämpfer, Pferde und Wagen. Die Ägypter ertrinken im Meer.

Das Volk Israel ist gerettet.

*nach 2. Mose 14*

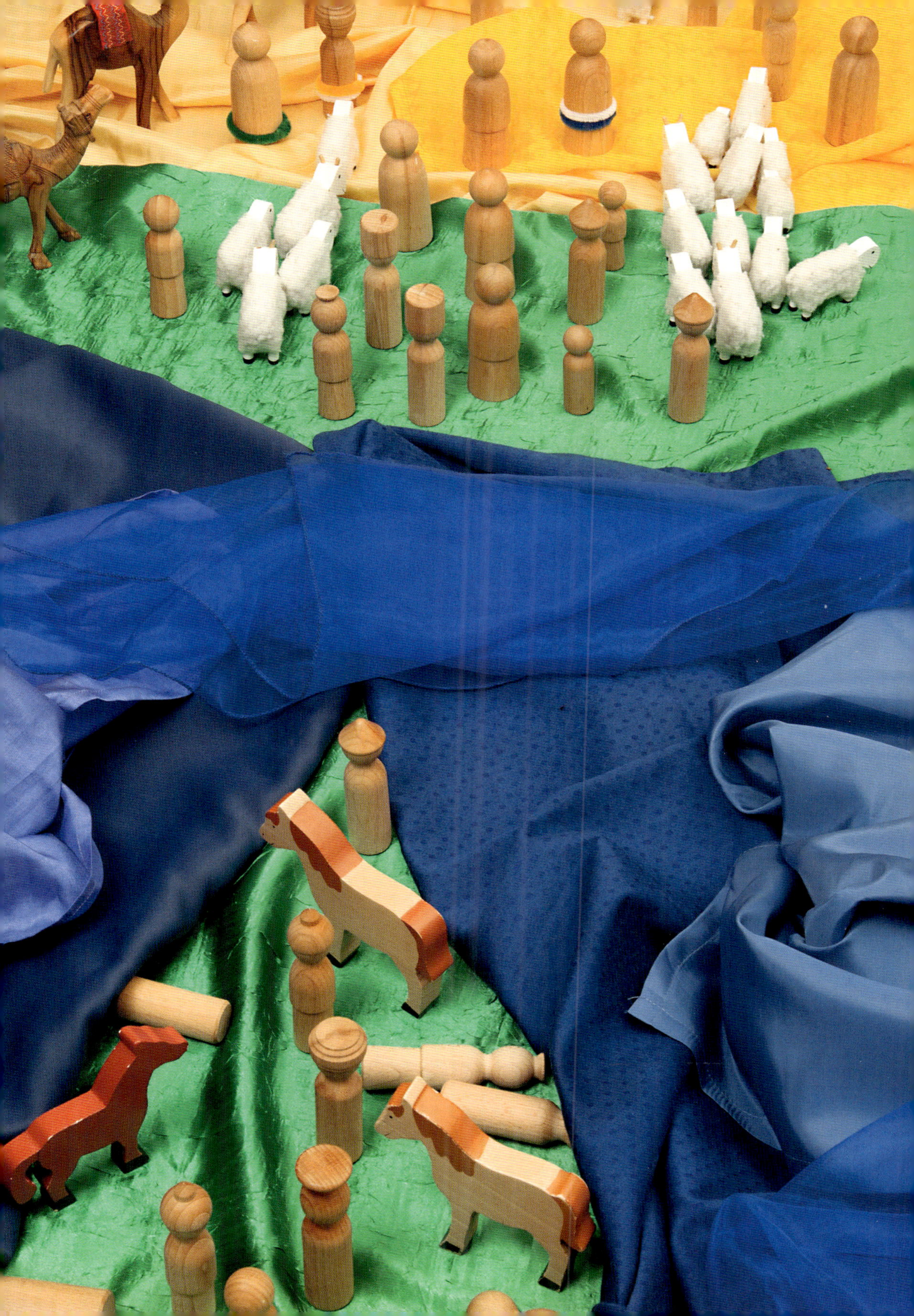

# 6 | Mirjams Loblied

Die Prophetin Mirjam, Moses Schwester, lobt Gott. Sie nimmt eine Pauke in die Hand. Sie singt und dankt Gott. Die Prophetin schlägt den Takt.

Alle Frauen folgen ihr nach mit Pauken und Schellen. Sie tanzen. Sie loben Gott.

Der Tanz wird zum Gebet:

Wir sind gerettet!

Wir sind frei!

Gott gibt uns Mut!

Gott gibt uns Kraft!

Gott tröstet!

Gott ist das Licht!

Gott ist die Liebe!

*nach 2. Mose 15,20–21*

# 7 | Brot und Wasser

Das Volk Israel wandert lange durch die Wüste. Die Vorräte sind verbraucht. Die Menschen haben Hunger und Durst. Sie ärgern sich. Sie sind wütend. Sie sagen: ›Warum sind wir nicht in Ägypten geblieben, da hatten wir genug Brot zu essen.‹ Mose und Aaron sagen: ›Gott hört euer Murren und eure Klage. Ihr werdet die Herrlichkeit Gottes sehen.‹

Gott erscheint in einer Wolke. Gott sagt zu Mose: ›Gegen Abend werdet ihr Fleisch essen und am Morgen so viel Brot, dass ihr satt werdet. Ich bin euer Gott!‹

Abends fliegen Vögel in das Lager der Israeliten und setzen sich nieder. Morgens liegen Körner auf dem Boden, sie schmecken wie Honigkuchen. Es ist Gottes Brot für das Leben. Mose schlägt mit seinem Stab an einen Felsen. Es fließt Wasser heraus. Die Israeliten können essen und trinken.

Gott macht die Menschen satt.

*nach 2. Mose 16–17,7*

# 8 | Gottes Bund am Berg Sinai

Das Volk Israel lagert in der Wüste vor dem Berg Sinai. Es ist der Gottesberg Horeb, dort hat Mose mit Gott gesprochen. Mose kennt den Berg. Er hört eine Stimme: ›Steig hinauf auf den Berg!‹ Mose kennt die Stimme Gottes. Auf der Bergspitze ist eine Wolke. Dort verhüllt sich Gott.

Mose steigt hinauf auf den Berg zu Gott. Gott sagt zu Mose: ›Sage dem Volk Israel: Ich habe euch wie auf Flügeln der Adler getragen. Ich habe euch in die Freiheit geführt. Ich beschütze euch. Wenn ihr auf meine Stimme hört, seid ihr mein heiliges auserwähltes Volk!‹

Mose erzählt es den Ältesten im Volk. Das ganze Volk antwortet: ›Alles, was Gott will, wollen wir tun!‹

*nach 2. Mose 19,1–7*

# 9 | Die zehn Gebote

Mose ist auf dem Berg. Gott spricht diese Worte, sie erschallen bis zum Volk Israel:

1. Ich bin dein Gott: ›Ich-bin-da‹. Ich habe dich aus der Sklaverei befreit.
2. Du sollst nur an einen Gott glauben und nicht anderen Göttern dienen.
3. Du sollst den Namen Gottes nicht missbrauchen.
4. Du sollst sechs Tage arbeiten und am siebten Tag ruhen.
5. Du sollst deinen Vater und deine Mutter ehren.
6. Du sollst nicht töten.
7. Du sollst nicht die Ehe brechen.
8. Du sollst nicht stehlen.
9. Du sollst nichts Falsches über andere sagen.
10. Du sollst nicht neidisch sein.

Gott schreibt die Gebote auf Steintafeln. Er gibt sie Mose.

*nach 2. Mose 20,1–17 und 31,18*

# 10 | Das goldene Kalb

Das Volk Israel wartet lange auf Mose. Er ist auf dem Berg. Er kommt nicht. Was ist mit Mose geschehen? Wo ist Gott?

Die Menschen sagen: ›Aaron, mache uns einen Gott, den wir sehen können. Er soll uns schützen. Mose ist nicht da!‹

›Bringt alle goldenen Ringe, Armbänder und Ohrringe zu mir‹, sagt Aaron. Aaron lässt das Gold schmelzen und macht daraus ein Kalb. Die Israeliten verehren das goldene Kalb. Sie feiern und sind lustig.

Gott sagt zu Mose: ›Das Volk Israel hält meine Gebote nicht! Sie verehren ein goldenes Kalb. Sie beten es an. Es ist ein unbelehrbares, eigensinniges Volk. Ich bin zornig, ich vernichte es!‹ Mose sagt: ›Du hast das Volk aus Ägypten geführt. Du hast Abraham, Isaak und Jakob so viele Nachkommen wie Sterne am Himmel versprochen! Kehre dich ab von deinem glühenden Zorn.‹

Gott seufzt und bereut seinen Zorn. Er sagt: ›Mose, führe das Volk Israel in das versprochene Land.‹

Mose steigt den Berg herab. Er hat die Gesetzestafeln in den Händen. Er sieht das goldene Kalb. Er sieht die Reigentänze um das Kalb. Mose ist zornig. Er zerschmettert die Gesetzestafeln. Er verbrennt und zermalmt das goldene Kalb zu Pulver. Er streut das Pulver ins Trinkwasser. Er sagt zu Aaron: ›Das Volk hat schwere Schuld auf sich geladen. Du bist verantwortlich!‹

Aaron sagt: ›Ich habe nur getan, was das Volk wollte. Es ist ein unwilliges Volk!‹

Gott sagt: ›Das Volk bleibt 40 Jahre in der Wüste, bevor es in das versprochene Land gehen wird.‹

*nach 2. Mose 32*

# 11 | Gott und sein Volk

Gott sagt zu Mose: ›Haue zwei steinerne Tafeln. Komm alleine auf den Berg Sinai.‹ Mose geht mit den zwei Tafeln auf den Berg. Mose betet zu Gott: ›Sei gnädig und geduldig und gehe mit uns in das versprochene Land.‹ Mose bleibt 40 Tage und 40 Nächte auf dem Berg und fastet.

Gott sagt: ›Ich will mit dem Volk Israel einen Bund machen. Es wird wunderbar sein, was ich tun werde.‹ Gott schreibt noch einmal die Zehn Gebote auf die zwei Tafeln.

Damit geht Mose zu den Israeliten. Sein Gesicht leuchtet, es hat einen himmlischen Glanz. Mose erklärt die Gebote Gottes.

Doch immer wieder murrt das Volk gegen Gott. Immer wieder hilft Gott, damit die Israeliten den Weg finden. Gott schickt tagsüber eine Wolkensäule und nachts eine Feuersäule, die Säulen ziehen voran.

Mose betet für das Volk.

*nach 2. Mose 34*

# 12 | Moses Tod

Es gibt kein Wasser. Die Israeliten sind verbittert. Sie sagen zu Mose und Aaron: ›Warum habt ihr uns aus Ägypten geführt? Hier in der bösen Wüste sterben wir. Hier sind keine Feigen, keine Weinstöcke, keine Granatäpfel. Hier ist nicht einmal Wasser!‹ Mose und Aaron beten. Gott sagt zu Mose: ›Sage dem Felsen vor den Augen des Volkes mein Wort. Dann wird Wasser fließen.‹

Das Volk steht vor dem Felsen. Doch Mose redet nicht. Er schlägt voller Wucht mit seinem Stab an den Felsen, viel Wasser quillt heraus. Die Menschen freuen sich und trinken das Wasser.

Gott sagt zu Mose: ›Du hast meinem Wort nicht geglaubt. Allein mein Wort hätte mich vor dem Volk geheiligt. Durch mein Wort hätte es Wasser geben sollen. Mein Wort sollte helfen, nicht dein Stab. Nun werden Du und Aaron das Volk Israel nicht in das versprochene Land führen.‹

Die Israeliten wandern weiter durch die Wüste. Sie sind 40 Jahre lang unterwegs. Mirjam stirbt. 30 Tage trauern die Israeliten. Aaron stirbt. 30 Tage trauern die Israeliten.

Mose geht auf den Berg Nebo gegenüber von Jericho. Gott zeigt Mose das versprochene Land Kanaan. Gott sagt: ›Dies ist das Land, das ich Abraham, Isaak, Jakob und deren Nachkommen zugesagt habe. Josua wird mein Volk in das Land führen. Du wirst nicht hinübergehen. Doch jetzt siehst du das Heilige Land.‹

Mose stirbt in der Wüste.

Nur der Prophet Mose hat Gott gekannt. Gott hat mit Mose wie mit seinem besten Freund geredet. Das Volk Israel beweint ihn 30 Tage.

Dann gehen die Israeliten in das versprochene Land Kanaan.

*nach 4. Mose 20 und 5. Mose 34*

# Bilddokumentation aus der Praxis

# Das Passahfest

uden in aller Welt feiern das siebentägige Passahfest, um an die Befreiung der sraeliten aus der Sklaverei zu erinnern. eute gibt es an den ersten Abenden des Passahfestes in den Familien ein Festmahl. Dabei wird die Geschichte vom Auszug us Ägypten erzählt und Speisen gereicht, ie im Zusammenhang mit der Flucht er Israeliten stehen. Dazu gehören Lamm, Bitterkraut, Ei, Fruchtmus, Wein, Gemüse und ungesäuertes Brot.

Die Kinder legen Sterne in den Himmel, siehe Seite 46 und 85.

Jedes Kind führt die eigene Figur durch das Meer, siehe Seite 87.

Die Kinder legen einen langen Weg, siehe Seite 89.

Mirjam, Aaron und Mose sterben in der Wüste.
Das Volk Israel ist angekommen, siehe Seite 89.

Die Kinder legen ›was Schönes‹ ins Heilige Land, Seite 89.

Das Gesamtbild ›Biblisches Bodenbild interreligiös‹ und die Kinder und Teilnehmer/-innen der Fortbildung.

Gehdeinenweg
undseibehütet

Die Engel behüten
michinderNacht

Geh deinen Weg
und sei behütet

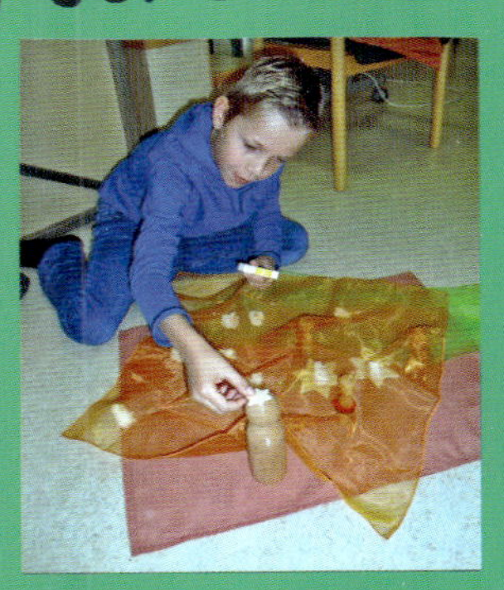

Gott sieht auf michherab.
Erbeschützt mich und meine
Familie. Das orangeTuch soll
Gottes schützende Handsein.



Gedanken der Kinder zu den Einzelbodenbildern, siehe Seite 90.

Gehdeinenweg
und sei behütet

Die samensind
mein Weg übermir
istder Himmel Dort
wohnt Gottundbehütet
mich

Geh deinen Weg
und sei behütet

Das mich Gott auf all meinen
Wegen behütet, und auf mich auf-
passt. Die Holzteile sind der Weg.
Die Wolle ist der Himmel.

Die Kinder malen zur Geschichte, siehe Seite 84.

# III. Grundlagen und Dokumentation der religionspädagogischen Praxis

Helgard Jamal

## Zur Konzeption ›Biblisches Bodenbild interreligiös‹

Die Heiligen Schriften Tora, Bibel und Koran betonen die Gerechtigkeit, Liebe und Barmherzigkeit. Für diese gemeinsamen Grundlagen können Kinder sensibilisiert werden und das Ziel des Religionsfriedens verstehen lernen, Unterschiede begreifen und die eigene Identität bilden.[1]

Die Religiosität der Juden, Christen und Muslime und die interreligiöse Bildung in Kindertagesstätte (Kita), Schule und Gemeinde beziehen sich heute noch zu wenig auf diese gemeinsamen Wurzeln. Eine Kenntnis der gemeinsamen Geschichten ist kaum vorhanden, sie stärkt jedoch die interreligiöse Kompetenz. Gespräche über Gott, Religion und den Sinn des Lebens entzünden sich an Geschichten aus den Heiligen Schriften. Insbesondere unterstützt die Wiederholung eines interreligiösen Anfangsrituals *vor* der Erzählung der biblischen Geschichte die interreligiöse Bildung dieser Konzeption.

### ›Biblisches Bodenbildes interreligiös‹ – Praxis[2]

Für das Bodenbild sollte es eine möglichst große freie Mitte innerhalb eines Stuhl- oder Sitzkissenkreises geben. Dort werden Himmel und Erde gelegt. Blaue Stoffe zeigen den Himmel, braune Stoffe die Erdlandschaft, grüne Stoffe das Weideland, gelbe Stoffe die Wüstenlandschaft und blaue Stoffe das Wasser des Meeres, der Seen und Flüsse. Es hat sich bewährt, zwischen Himmel

1 Siehe Tabelle »Unterschiede und Gemeinsamkeiten der Abraham-Religionen« in: Helgard Jamal (Hrsg.), Jesus betet – Interreligiöse Bildung, Berlin 2015, S. 50f.

2 Siehe zur Theorie des ›Biblischen Bodenbildes interreligiös‹: Helgard Jamal (Hrsg.), Jesus erzählt – Interreligiöse Bildung, Berlin 2016, S. 10–16.

und Erde Platz für einen Durchgang zu lassen, da möglichst nicht auf die Stoffe getreten werden soll, siehe Seite 46.

## Anfangsritual

Bevor die biblische Geschichte erzählt wird, hat sich ein gleichbleibender Einstieg bewährt[3]: Alle Kinder sitzen im Kreis. Der/die Erzählende beginnt mit eigenen Worten sinngemäß: »Juden, Christen und Muslime glauben, dass Gott die Welt erschaffen hat. Er ist der Schöpfer aller Pflanzen, Tiere und Menschen. Er liebt jeden Menschen - Dich und mich und sagt: *Behandle den anderen Menschen so, wie du selbst behandelt werden möchtest!* Das ist die Goldene Regel, die in allen Religionen - in den Abraham-Religionen Judentum, Christentum und Islam und auch in den fernöstlichen Religionen Hinduismus und Buddhismus - erzählt wird.

Gott hat uns den Himmel mit Sonne, Mond und den Sternen geschenkt und die Erde mit Acker, Wiesen, Flüssen, der Wüste, den Bergen und das Meer. Wir gestalten jetzt den Himmel und bebauen die Erde. Zunächst legen wir auf diesen blauen Stoff Sonne, Mond und Sterne.« Der/die Erzählende verteilt reihum Strohhalme. Jedes Kind legt einen Stern, siehe Seite 44. Der/die Erzählende legt Sonne und Mond. »Gott hat uns Kräuter, Pflanzen und Bäume geschenkt« – symbolisch kann ein Zweig gelegt werden. »Auf der Erde leben Tiere und Menschen«, die Kinder bekommen Wassertiere, Tiere, die in der Luft fliegen, Landtiere und zwei Menschen (Adam und Eva) reihum angereicht. Jedes Kind kann ein Tier wählen. Die Kinder stellen die Tiere auf die Erde, in die Wüste, auf das Weideland oder ins Wasser und können die Tiere benennen. Mit dieser kurzen Rückbesinnung auf die Schöpfungsgeschichte werden die Kinder durch das Anfangsritual immer wieder *vor* jeder biblischen Erzählung für den Religionsfrieden sensibilisiert: Juden, Christen und Muslime sehen Gott als Schöpfer, dem Menschen liebevoll zugewandt, und die Goldene Regel findet sich in allen Religionen.

Weiter wird gesagt: »Die Mose-Geschichte wird auch in der Synagoge der Juden, in der Kirche der Christen und in der Moschee der Muslime erzählt.« Dazu werden die Modelle Synagoge, Kirche und Moschee aufgestellt, siehe Seite 14.

3 Siehe auch Seite 85.

## Erzählen der biblischen Geschichte

Die Figuren der zu erzählenden Geschichte liegen bereit. Es werden die Figuren an die Kinder verteilt, jedes Kind erhält eine Figur. Wenn eine Person/Figur in der Geschichte in Aktion tritt, stellt das Kind sie auf das Bodenbild. Das fördert die Konzentration des Kindes, das die Figur in den Händen hält. Dieses Kind wird dann während der Erzählung die Figur auf das Bodenbild entsprechend weiter platzieren. Durch die Figuren wird für die Kinder die Zuordnung von Personen und Handlung vereinfacht. Neben Hauptpersonen in der Geschichte gibt es das Volk oder Zuschauer, so dass Anzahl der Kinder und Anzahl der Personen in der Geschichte (Figuren) entsprechend ist. Der/die Erzählende erzählt nun die Geschichte. Es können auch Hinweise zu Judentum und Islam gegeben werden - zum Beispiel: »Jesus wird im Judentum als Lehrer und Bruder gesehen, im Islam als Prophet und wichtiger Gesandter Gottes«. Die interreligiöse Dimension kann auch in einem weiteren Gespräch zu anderer Zeit Inhalt sein. In den Erzählpausen können die Kinder unter Anleitung mit Naturmaterialien die Inhalte der Geschichte vertiefen, zum Beispiel wird der Weg gelegt, siehe Seite 45. In ausgesuchten Holzkörben und Holzschalen liegen hinter dem Sitzkreis die Figuren und Naturmaterialien bereit: Kastanien, Blüten, Holzscheiben, Eicheln, Muscheln, Samen, Tannenzapfen, Blätter, Steine, Dornen, Ähren, Blumen, Zweige, Nüsse, Körner, Schafwolle, Sand etc., siehe Seite 42.

Alles, was gelegt wird, ist gut und darf nicht verändert werden! Jedes Bild wird wertgeschätzt im Sinne der Schöpfungsgeschichte: Und Gott sah, dass es gut war. Das Kind erfährt: Mein Tun und Handeln und das Tun und Handeln des anderen Kindes sind wertvoll, die Erfahrung von Unterschiedlichkeit ist bereichernd und führt zu einem gelungenen, gemeinsam gelegten und harmonischen Bodenbild. Das Naturmaterial führt zum Ursprung der Schöpfung.

## Einzelbodenbild

Nach dem ›Biblischen Bodenbild interreligiös‹ können zur individuellen Vertiefung Einzelbodenbilder gelegt werden, gegebenenfalls auch einen Tag später. Jedes Kind arbeitet ganz für sich: Es wählt aus gleichen Stoffen in der Größe ca. 50 cm x 50 cm ein Tuch als Unterlage aus oder es nimmt ein DIN A 3-Blatt, es legt das Tuch/Blatt vor den eigenen Platz, es holt sich Naturmaterial und Figuren, siehe Seite 47.

## Abschlussritual

Nach der Erzählung wird das Gemeinschaftsbodenbild und/oder werden die Einzelbodenbilder in einem Rundgang der Kinder schweigend gewürdigt oder es wird während des Rundgangs ein Lied gesungen. Der/die Erzählende beendet diese Phase mit einem Ritual, wenn alle Kinder mindestens einmal im Kreis gegangen sind. Dazu bleiben alle Kinder im Kreis stehen. Der/die Erzählende sagt:

- »Schaue auf das Bodenbild! - Pause -
- Schließe jetzt die Augen und nehme das Bild auf in deinen Kopf und in dein Herz! - Pause -
- Wenn das Bild in dir ist, öffne deine Augen! - Pause -
- Alle Kinder räumen jetzt sorgfältig auf!«

Beim Aufräumen ist auf genaues Einordnen in Körbchen und Schalen zu achten, so dass alles für das nächste Bodenbild vorbereitet ist. Das Aufräumen dauert nur wenige Minuten, da alle mithelfen.

## Jahresplan

Die Geschichten der Buchreihe: ›Mit Kindern Gott entdecken – Mit Natur gestalten – Mit Figuren erzählen | Biblische Geschichten in Begegnung mit Judentum und Islam‹ können mit dieser Konzeption unter dem neuen Vorzeichen der interreligiösen Bildung erzählt werden. Für die Planung ist ein Jahresplan sinnvoll:

Es kann eine kleine Auswahl der Geschichten aus den 12 Büchern vorgenommen werden, die mit dem ›Biblischen Bodenbild interreligiös‹ erarbeitet werden. Passende Themen und Aktionen können projektartig die Geschichte thematisch vertiefen. Eine realistische Planung – WENIGER ist MEHR – begünstigt die konkrete Durchführung.

| *Biblische Geschichten in Begegnung mit Judentum und Islam* | *Monat* | *Themen und Aktionen (Beispiele)* |
|---|---|---|
| Band 7 ›Weihnachten | Dezember (Beginn Kirchenjahr) | Jesus in Judentum, Christentum und Islam / Weihnachtsfest mit Grußworten Angehöriger anderer Religionen |
| Band 8 ›Jesus erzählt | Januar | Besuch von Synagoge, Kirche und Moschee |
| Band 5 ›Mose | Februar | Gebote in Religionen / Pessachfest der Juden |
| Band 11 ›Ostern | März | Fastenaktion / Tod und Auferstehung / Was tröstet in Judentum, Christentum und Islam? |
| Band 12 ›Pfingsten | April | Gemeinschaftserfahrungen in Judentum, Christentum und Islam / Gemeinschaft in unserer Gruppe/Klasse |
| Band 9 ›Gott hilft | Mai | Willkommenskultur / Plakat mit »Guten Morgen« in allen Sprachen der Kinder, Eltern und Großeltern |
| Band 2 ›Noah | Juni | Gottesbilder in den Religionen |
| Band 3 ›Abraham | Juli | Trialog / Ramadanfest und Opferfest der Muslime |
| Band 4 ›Josef | August | Neuanfang / Interreligiöse Wertebildung |
| Band 6 ›David | September | Gerechtigkeit und Frieden / Psalm 23 erlernen |
| Band 1 ›Schöpfung | Oktober | Erntedankfest / Schöpfergott der Juden, Christen und Muslime / Schöpfung bewahren |
| Band 10 ›Jesus betet | November | Das Gebet der Juden, Christen und Muslime / Gebetsstunde der Religionen |

Diese Jahresplanung muss jedes Jahr neu vorgenommen werden, um auch die Auswahl aus den zwölf Szenen einer Geschichte, die in jedem Buch zu finden sind, neu zu bestimmen. Da Ramadanfest und Opferfest aufgrund des Mondkalenders jährlich 10 Tage früher gefeiert werden, kann auch das Abraham-Buch entsprechend zu anderer Zeit Bedeutung haben.[4]

Die Zusammenstellung der Personen (Holzfiguren) und Materialien für die einzelnen Geschichten, finden Sie in der nächsten Tabelle.

4 Vgl. www.interreligioes-bilden.de ›Aktuelles (abgerufen 24.01.2019).

## Material

| Buch | Holzfiguren (Personen) | | | | und |
|---|---|---|---|---|---|
| | männlich | weiblich | weitere Personen | Kinder | |
| Schöpfung (1) | Adam, Kain, Abel | Eva | | | Schlange, Engel |
| Noah (2) | Noah, Sem, Ham, Jafet | 4 Frauen | Volk | | Tiere, Rabe, Taube, Arche |
| Abraham (3) | Abraham, Lot, Pharao | Sara, Hagar, Lots Frau | Hirten | Ismael, Isaak, Lots Töchter | Schafe, Engel |
| Josef (4) | Jakob, Josef, Benjamin, Pharao, Potifar | Lea, Rahel, Potifars Frau, Asenath | 10 Brüder, 4 Diener | Manesse, Ephraim | Kühe, Kamele |
| Mose (5) | Pharao, Aaron, Mose, Vater von Zippora | Mirjam, Tochter des Pharaos, Zippora | Ägypter, Volk Israel | Mose als Baby | Kamele, Schafe, Engel, Kalb, Baby |
| David (6) | Samuel, Saul, David, Jonatan, Isai, Goliat, Uria, Nathan | Michal, Bathseba | Volk, Diener, Davids Brüder | Salomo | Harfe, Pferd |
| Weihnachten (7) | Josef, Caspar, Melchior, Balthasar | Maria, Elisabeth | Hirten | Jesus als Baby | Schafe, Engel, Baby |
| Jesus erzählt (8) | 12 Jünger | 4 | 10 | 5 | Schafe, Schweine, Pferd |
| Gott hilft (9) | 12 Jünger | 4 | 10 | | Boot |
| Jesus betet (10) | 12 Jünger | 4 | 10 | 5 | Engel |
| Ostern (11) | Jesus, 12 Jünger | Maria Magdalena | Soldaten, Volk | | Hahn, Boot, Engel |
| Pfingsten (12) | 12 Jünger | 4 | Volk | 5 Kinder | Engel |
| Gotteshäuser | Synagoge, Kirche, Moschee (Holz-Modelle) | | | | |
| Holzfiguren Tiere | 4 Schafe, Kamel, Löwe, Fisch, Delphin, Kuh, Kalb, Krokodil, Pferd, Elefant, Giraffe, Schlange, Taube, Rabe, Schwein, Hahn, Huhn | | | | |
| Stoffe | 2x blau, 1x braun, 1x gelb, 1x grün | | | | |
| Material | Sonne, Mond, Strohalme (für Sterne), Arche/Boot, Harfe | | | | |
| Figuren | 18 Figuren, Baby im Körbchen, 2 Engel | | | | |
| Naturmaterial (mit den Kindern sammeln) | Kastanien, Blüten, Holzscheiben, Eicheln, Muscheln, Samen, Tannenzapfen, Blätter, Steine, Dornen, Ähren, Blumen, Zweige, Nüsse, Körner, Schafwolle, Sand etc. | | | | |

(Alle Materialien siehe unter: www.interreligioes-bilden.de/materialien/)

Mit dieser Konzeption können biblische Geschichten unter einem neuen interreligiösen Aspekt verstanden werden und Erzieher/-innen, Grundschullehrer/-innen und Mitarbeitende in der Gemeinde wirken am Religionsfrieden mit.

Eva Stattaus

# ›Biblisches Bodenbild interreligiös‹ – Erfahrungen in einer Kindertagesstätte in Mecklenburg-Vorpommern

## Die evangelische Kindertagesstätte ›Kinderhaus – Himmelsschlüsselchen‹ in Benz auf der Insel Usedom

Interreligiöse Bildung im Elementarbereich stellt sich als eine Zukunftsaufgabe dar, die in der Praxis von Mecklenburg-Vorpommern noch entdeckt werden muss. Die evangelische Kindertagesstätte »Kinderhaus – Himmelsschlüsselchen« in Benz auf der Insel Usedom probierte im Herbst 2018 das Konzept einer interreligiösen Bildung mit biblischen Bodenbildern am Beispiel ›Mose‹ aus. Das Konzept war für sie neu. Doch entspricht es den Leitlinien der Evangelischen Kita in Benz: »Um Grundvertrauen zum Leben, zu sich, den anderen und zu Gott zu gewinnen, sollen sich die Kinder bei uns in ihrer Einmaligkeit als gottgewollt erleben. Durch das Kennenlernen des christlichen Glaubens und der Kirchengemeinden, soll in ihnen das Interesse für die Frage nach Gott geweckt werden. Wir wollen, dass die Kinder staunend die Schönheit der Schöpfung empfinden und zu ihrer Bewahrung beitragen können. Gleichzeitig sollen sie es lernen, sich in der Spannung zwischen Forscherdrang und dem Wissen um das Geheimnisvolle und Unerklärbare zu behaupten. Neben dem Wahrnehmen des eigenen Körpers in der Polarität von Lebendigkeit und Entspannung ist es wichtig, dass die Kinder auch für andere Menschen sensibel werden und soziale Kompetenz erwerben. Wir wollen im Kinderhaus zu Weltoffenheit, Neugier, zur Freude am Entdecken und an der eigenen Kreativität ermutigen.«[1]

Im folgenden Beitrag werden die Ausgangssituation für dieses interreligiöse Bildungsprojekt in den Blick genommen und die Praxiserfahrungen gewürdigt: Gelingt eine interreligiöse Bildung auch in einem religionsschwachen Umfeld? Welche Bedeutung hat dabei die Evangelische Kindertagesstätte (Kita)? Was leisten Erzieher/-innen bei der Umsetzung der Mose-Geschichte als Erzählzyklus mit 10 Episoden?

1 Vgl. www.kinderhaus-benz.de (abgerufen 14.01.2019).

## Biblische Geschichten unter einem neuen Vorzeichen verstehen lernen

Eine Umfrage unter den evangelischen Kitas in Mecklenburg-Vorpommern zeigt, dass es so etwas wie eine Hitliste von biblischen Texten gibt. Dazu gehören Geschichten wie zum Beispiel die Schöpfungsgeschichte, Noah, das Verlorene Schaf, die Stillung des Sturms, die lukanische Weihnachtsgeschichte. Nicht in allen Einrichtungen ist auch etwas von Mose dabei und wenn von Mose erzählt wird, dann werden eher einzelne Geschichten gewählt wie: die Geburtsgeschichte des Moses und seine wundersame Rettung, der Auszug der Israeliten aus Ägypten oder der Brennende Dornbusch, manchmal noch die Zehn Gebote.

Welche große Bedeutung die Gestalt Mose für das Christentum und für eine evangelische Identität oder gar für die anderen großen Religionen mit abrahamitischen Wurzeln hat, ist eher wenig bis gar nicht bekannt. Ein Gesamtzyklus oder einzelne Themenstränge werden eher nicht vermittelt. Das ist bei der Auswahl biblischer Texte häufig zum einen dem situationsorientierten Ansatz und zum andern dem Kirchenjahresbezug geschuldet. Hinzu kommt aber auch, dass der Kenntnisstand über die theologischen Gesamtzusammenhänge von biblischen Geschichten nicht bei allen pädagogischen Fachkräften gleichermaßen abrufbar ist. Diese Umfrageergebnisse spiegeln sich auch in der evangelischen Tagesstätte für Kinder in Benz wider, die sich für die Umsetzung des Mose-Erzählzyklus' als interreligiöses Bildungsprojekt entschieden hat. Die beiden durchführenden Erzieherinnen bilden ein Tandem und starteten mit sehr unterschiedlichen Ausgangslagen: Die eine Erzieherin ist religionspädagogisch umfangreich vorgebildet und ragt mit ihren Fähigkeiten und Kompetenzen heraus. Allerdings ist die interreligiöse Perspektive auf die vertrauten biblischen Texte neu. Die andere Erzieherin ist sehr offen und interessiert an religiösen Fragen, kann aber weder auf eine eigene religiöse Sozialisation zurückgreifen noch auf Erfahrungen aus einer eigenen selbständigen religionspädagogischen Praxis. Sie erlebt seit einigen Jahren vor allem durch die Kolleginnen und Kollegen, die Kita-Leitung und die Pastorin der Ortsgemeinde das religiöse Leben der Tageseinrichtung.

In diesem Tandem lernten beide beim Gestalten der biblischen Bodenbilder anhand der Mose-Geschichte die christliche Tradition, in der der Träger der Einrichtung steht, in dieser Ausführlichkeit neu beziehungsweise erstmalig kennen.

Sie durchliefen bei ihrer Vorbereitung und Durchführung ganz grundsätzliche Fragen: Wer war Mose? Wie sah es damals in Ägypten, am Sinai, am Schilfmeer und im gelobten Land aus? Welche Episoden sollen wir unseren Kindern erzählen und welche nicht? Wie viele Erzählstränge der Mose-Geschichte können die Kinder verfolgen – und wann wird es zu viel? Was können wir selber glaubwürdig und authentisch über die im Schilfmeer Ertrunkenen erzählen? Welche Worte finden wir, um den Kindern vom Tod Mose zu erzählen? Wie können wir die verschiedenen Gotteserscheinungen und Gottesbegegnungen gestalterisch umsetzen, ohne das Geheimnis Gottes zu entstellen? Welche Materialien benötigen wir dafür? Wo finden wir Verstehens- und Arbeitshilfen? Was ist das Gemeinsame und was das Trennende der drei großen Religionen? Die Erzieherin mit umfangreichen Kenntnissen wurde dabei zum Coach und zur Mut-Macherin für die Kollegin. Ein interreligiöser Ansatz für die Arbeit im Elementarbereich war für die ganze Tageseinrichtung Neuland. Somit begann für alle ein Lernprozess, die biblischen Geschichten unter einem neuen Vorzeichen verstehen zu lernen: In einer gemeinsamen Tradition von Juden, Christen und Muslime.

Auch wenn noch eine Differenzierung der Bedeutung der Mose-Geschichte in den drei Religionen aussteht, waren die drei Holzmodelle der Gotteshäuser[2] mehr als nur symbolische Zeugen, als in den zehn Morgenkreisen die besondere Bedeutung von Mose herausgestellt wurde: Seine Lebensgeschichte von der Geburt bis zu seinem Tod; seine Aufgabe als Anführer, die Israeliten aus der Knechtschaft zu führen und sie durch 40 Jahre in der Wüste bis zum gelobten Land Israel zu bringen; seine spannungsvolle Vermittlerrolle zwischen Gott und dem Volk Israel; seine sich aus seiner persönlichen direkten Auseinandersetzung und Begegnung mit Gott wandelnde und wachsende Erkenntnis, wie Gott sich wandelnd offenbart; seine Gewissheit, dass Gott dem Volk Existenz und Identität sichert und sich als treu und mächtig erweist. »Identität ist nicht Grund und Bedingung gelingenden Lebens, sondern seine Vision. Wir müssen uns nicht gefunden haben, um zu leben; sondern wir leben, um uns zu finden.« (Henning Luther).[3]

---

2 Siehe Seite 14.

3 Das Zitat wurde entnommen aus: Religionen in der Kita. Impulse zum Zusammenleben in religiöser Vielfalt, Fachbereich Kindertagesstätten im Zentrum Bildung der Evangelischen Kirche in Hessen und Nassau (Hrsg.), Darmstadt, 2014, S. 5.

## Die evangelische Kita als Bildungsort von Religion

Idealerweise müssten konkrete Partner aus den anderen beiden Religionen dazu kommen, um sich interreligiös auszutauschen. Im Umfeld der evangelischen Tagesstätte auf der Insel Usedom gibt es nur die Kirche des Dorfes; es gibt kein eigenes jüdisches oder islamisches Gemeindeleben mit einer Synagoge oder Moschee. Die auf den Holzmodellen abgebildeten Gotteshäuser, die Synagoge und die Moschee, haben hier im Umfeld keine reale Entsprechung. Die Kinder können die verschiedenen Gotteshäuser nicht besuchen. Nur einzelne jüdische und muslimische Personen kämen in Betracht, bei einem interreligiösen Austausch eingebunden zu werden. Zugehörigkeiten zu anderen Religionen sind nur vereinzelt zu finden. Die Anzahl von muslimischen Menschen mit Migrationshintergrund, die einen ständigen Wohnsitz auf Usedom haben, ist verschwindend gering. Ein Zuzug von Menschen aus arabischen oder afrikanischen Ländern begann erst mit der Unterbringung von Flüchtlingen in den Jahren 2015/2016, der war aber nicht nennenswert. Mecklenburg-Vorpommern hat auf seiner großen Fläche sehr wenige Bewohner; es sind gerade einmal 1,6 Millionen. Derzeit liegt der Ausländeranteil bei 4,3 Prozent, damit liegt Mecklenburg-Vorpommern auf dem letzten Platz im Deutschlandvergleich. Die wenigen Zugezogenen mit Migrationshintergrund leben in Städten und nicht auf der dünnbesiedelten Fläche in abgelegenen Dörfern wie Benz. Wer es schafft, verlässt das strukturschwache Mecklenburg-Vorpommern möglichst rasch.

Immerhin – eine syrische Familie gibt es derzeit in Benz, die Kinder gehen seit zwei Jahren in die Kita. Inzwischen hat die Mutter der Kinder, bei ihrem Praktikum in der Kita gut Deutsch gelernt. Leben und Arbeiten sind eine angemessene Form, die deutsche Sprache zu erwerben. Die Mutter und die Kinder gehören wie die anderen Familien selbstverständlich zur evangelischen Kita. Als die Mutter das Holzmodell mit der Moschee und den fünf Säulen des Islam auf dem Tisch mit den Materialien für den Morgenkreis entdeckt, nimmt sie es zu sich, streichelt seine Oberfläche mit ihrer Hand; nicht nur sie ist sichtlich bewegt, sondern auch die Erzieherinnen, die zufällig Zeuginnen davon werden.

Die Bewohner im Einzugsgebiet der Evangelischen Kita sind zu 85 Prozent ohne konfessionelle Bindung. Die Kirchenmitgliedschaft in Mecklenburg-Vorpommern liegt bei 15 Prozent evangelisch, 2 Prozent katholisch und 1 Prozent andere Konfessionen. Die Kita, in Trägerschaft der Evangelischen Kirchengemeinde Benz, liegt zusammen mit der Evangelischen Grundschule mit Orientierungsstufe auf dem sogenannten »kirchlichen Hügel« mitten in Benz in der Nähe der Dorfkirche und bietet 16 Krippen- und 42 Kita- sowie 50 Hortplätze. Die Kinder kommen nicht nur aus dem Dorf Benz mit seinen 280 Einwohnern, sondern auch aus dem Hinterland und von den Touristenorten der Ostseeküste. Wer hier Urlaub macht, liebt diese Idylle. Diese Idylle ist mit einer Strukturschwäche verbunden, mit der auch dieser Bildungsort leben muss.

Die evangelischen Einrichtungen haben Ausstrahlungskraft ins Gemeinwesen. Der jährlich stattfindende Weihnachtsmarkt zieht überregional Besuchende an. Schulkinder aus der Benzer Kita und Schule werden in den weiterführenden Schulen der Insel besonders für ihr soziales Verhalten geschätzt. Langzeitmäßig erweist sich das Konzept des »kirchlichen Hügels Benz« als so verbindend, dass eine ökumenische Jugendarbeit aus »Ehemaligen« erwachsen ist. Dabei stammen nicht alle Kinder aus konfessionsgebundenen Familien. Die Eltern der Kita-Kinder in Benz erleben, dass die Zusammensetzung des Personals in der Kita über Jahre verlässlich stabil bleibt.

Angesichts des allgemeinen Fachkräftemangels haben es Kitas derzeit immer schwerer, besonders in strukturschwachen Gebieten, entsprechendes Personal zu finden und zu halten. Konfessionelle Einrichtungen in Mecklenburg-Vorpommern sind darüber hinaus auch noch darauf angewiesen, dass ihre Fachkräfte religiös vorgebildet sind. Wobei eine Kirchenmitgliedschaft hier keine Vorbedingung ist; ganz anders als in westdeutschen konfessionellen Einrichtungen.

Wer in Mecklenburg-Vorpommern in einer evangelischen Einrichtung arbeitet, ist auch offen für religiöse Bildung, auch wenn nicht immer eine eigene religiöse Sozialisation in der Ursprungsfamilie vorhanden ist. Eine religiöse Bildung geschieht für die Erzieher/-innen im laufenden Alltagsleben der Kita »nebenbei«. Die am Projekt beteiligte Erzieherin beschreibt ihren Weg in Benz selbst als eine »nicht religiös bewanderte Person«, sie sagt: »Es ist ein Erleben und ein sich Darauf-Einlassen; auch die Erzieherinnen werden so aufgenommen wie sie sind, ohne dass jemand voreingenommen ist. Sie wachsen in das Profil hinein. Durch die Wertschätzung und Offenheit, die auch mir damals entgegengebracht wurde, war es sehr leicht, mich zu integrieren. Lernen geschieht am Vorbild und

Beispiel. Dieses gute Gefühl weiterzugeben, ergibt sich dann fast automatisch. Es macht Spaß ein Teil des Teams zu sein.« Kolleginnen und Kollegen sind auch »Modelle« für explizit gelebte religiöse Bildung mit den Kindern: Dass mit den Kindern wertschätzend umgegangen wird; dass biblische Geschichten erzählt und religiöse Lieder gesungen werden; dass der christliche Jahresfestkreis die Orientierung angibt; dass die Gottesdienste an den Übergängen des Kita- und Schuljahres in enger Zusammenarbeit mit dem Pastorat der evangelischen Kirchengemeinde in der Kirche gefeiert werden. Religionspädagogische Langzeitqualifizierungen durch das Pädagogisch-Theologische Institut der Nordkirche[4] unterstützen mit einer intensiven und umfangreichen Bildungsmaßnahme die Leiter/-innen und Erzieher/-innen an den Bildungsstandorten der Evangelischen Kitas. In dieser prekären Bildungslandschaft übernehmen Evangelische Kitas nicht nur ihre genuinen Aufgaben, sondern auch, systemisch betrachtet, Verantwortung für religiöse Bildung im Gemeinwesen sowie den Aufbau und die Pflege von Fachpersonal, das sich um religiöse Bildung bemüht.

## Die Grenzregion Mecklenburg-Vorpommern

Bei den letzten Wahlen haben hier ca. 50 Prozent der Wähler/-innen für AFD und NPD gestimmt. Benz mit seinem Umfeld gehört zur Grenzregion, hier endet Deutschland, hier beginnt die Eurozone zu Polen und zu Osteuropa hin. Es ist eine große Herausforderung nicht nur politischer und kultureller Art, sondern auch hinsichtlich der Versöhnung nach dem 2. Weltkrieg.

In den Sommermonaten leben die Bewohner/-innen in einer Art Ausnahmezustand. Auf einer der Lieblingsinseln der Deutschen werden sehr viele Gäste beherbergt. Saisonarbeiter/-innen im Hotel- und Gaststättengewerbe kommen vor allem aus Polen und aus der Ukraine. Die Arbeitskräfte reichen nicht aus und die Hauptstraßen sind verstopft. In den anderen neun Monaten des Jahres fehlen in diesem strukturschwachen Gebiet die Arbeitsplätze und die Grundstücks- und Mietpreise sind unerschwinglich geworden. Die Armut und die Armutsgefährdung sind in Mecklenburg-Vorpommern im Vergleich zum Bundesgebiet überdurchschnittlich hoch. Die Berliner Zeitung vom 4.09.2016 kommentierte die Wahlen in Mecklenburg-Vorpommern: »Die AfD ist in ihrer heutigen Gestalt und Einflussbreite ohne den Krieg in Syrien und die Fluchtbe-

4 Es ist eine Kooperation mit dem Diakonischen Werk MV-Landesverband.

wegungen aus den arabischen und afrikanischen Ländern nicht zu denken. ... heute mobilisiert sie ihre Wähler einzig und allein mit der Angst vor Fremden. Ihre Lösung: Abschottung.«

Gegen diese Angst setzt die Evangelische Kita darauf, dass die Kinder und Familien Vielfalt leben. Neben den am Kirchenjahr orientierten Feiern und Festen fallen die jährlichen Projekte ins Auge: Weltkindertag, Europawoche/-tag und Afrikawoche. Ebenso interessant erscheint neben den zusätzlichen kreativen und sportlichen Angeboten ein Polnischkurs oder eine Zirkus-AG. An ihnen wird die Haltung deutlich, die in den Leitlinien der Einrichtung beschrieben wird und auch im Gemeinwesen ankommt. Eine interreligiöse Bildungsarbeit ist hier in guter Gesellschaft.

## Erfahrungen mit der Mose-Geschichte im Morgenkreis

In der evangelischen Kindertagesstätte in Benz auf Usedom ist es gute Tradition: Jeden Morgen kommen alle, Kinder und Mitarbeitende, im Morgenkreis um 9.00 Uhr zusammen. Von daher liegt es nahe, auch das zweiwöchige Projekt zur interreligiösen Bildung mit der Methode der biblischen Bodenbilder in diesem vertrauten Morgenkreis zu erproben, der von allen besucht wird. Der Morgenkreis ist zweiteilig geplant: im ersten Teil sind alle Kinder aus Krippe und Kindergarten dabei und es wird die jahwistische Schöpfungsgeschichte mit Bodenbildern unter Einbeziehung der Kinder erzählt. Die Krippenkinder gehen danach in ihre Gruppenräume zurück, die älteren Kinder der Kita, erleben in einem zweiten Teil jeden Morgen eine neue Episode der Mose-Geschichte. Das Bodenbild zu Mose schließt an das Bodenbild zur Schöpfung an. Weitere Arbeitsformen außerhalb des Morgenkreises sind nicht geplant. Im Folgenden wird der Gesamtprozess dargestellt.

## Erster Teil des Morgenkreises

Im ersten Teil des Morgenkreises nehmen alle anwesenden Kinder aus Krippe und Kita in einem sich wiederholenden Ritus teil: Alle befinden sich auf dem Marktplatz, dem zentralen Raum der Kita, von dem alle Gruppenbereiche abgehen, in dessen Seitennische sich ein offener Küchenbereich befindet, auf den jeder vom Haupteingang kommend trifft, wo stationäre und transportable Bewegungsgeräte zum Spielen mit allen Altersgruppen einladen, wo sich aber auch ruhige Zonen wie Zelte mit Kissen und Tische mit Stühlen befinden. Bis 9.00 Uhr treffen auch die letzten Kinder ein. Einige Kinder läuten die Glocke. Es wird aufgeräumt und alle Kinder nehmen mit den Erzieherinnen im Kreis auf dem Boden Platz. Die beiden Erzieherinnen gestalten die nächsten zwei Wochen jeden Morgen im Wechsel.

Zu Beginn eines jeden Morgenkreises wird ein wohlvertrautes Lied mit Bewegung angestimmt: »Jetzt sind wir bereit, geben uns die Hand, fangen so gemeinsam in Gottes Namen an.« Die drei Holzmodelle der Gotteshäuser werden mit Worten begleitet hingestellt; die Einleitung dazu variiert: »Ich erzähle euch eine Geschichte. Die erzählen sich Menschen, die in eine Synagoge gehen, die in eine Kirche gehen, die in eine Moschee gehen.« Oder, nach einigen Morgenkreisen holt die Erzieherin ein Modell nach dem anderen hervor und fragt in den Kreis: »Was habe ich hier in der Hand?« – Die Kinder antworten zu jedem Modell: »Eine Synagoge, eine Kirche, eine Moschee«. Die Erzieherin reicht die Modelle weiter. Einige Kinder tasten die Form mit ihren Händen ab, stellen sie vor sich auf den Boden. Thomas freut sich und ruft: »Meine Kirche!« und bekräftigt es mehrfach mit seinen Händen auf dem Modell mit der Kirche. Dann leitet die Erzieherin wieder ein: »Ich erzähle eine Geschichte, die erzählen sich Juden, Christen und Muslime...«.

Wird bei den ersten beiden Morgenkreisen noch die »Goldene Regel« genannt, fällt sie mit der Zeit unmerklich weg. - Ein anderer Schwerpunkt entwickelt sich während der zwei Wochen: Die Kinder und Erwachsenen machen sich auf einen spirituellen Lernweg des Transzendierens. Die Schöpfungsgeschichte mit ihren sieben Tagen wird in den ersten drei Tagen ausführlich erzählt.[5] Die Kinder genießen diese wiederkehrenden Handlungen, den Himmel aus Tüchern und die Sterne aus Stroh selbst hinzulegen, die verschiedenen Farben von Tüchern für die Erde, die Wüste, das Wasser, die einzelnen Arten von Tieren bis zu den Menschen. Die Kinder selbst kommen immer mehr in der Runde an. Es ist für sie bald selbstverständlich, dass sie die Gelegenheit haben, einen Stern aus Stroh zu legen oder das blaue Tuch für Wasser ausbreiten zu können. Die Erzieherinnen entwickeln Routine mit der Methode, Bodenbilder unter Beteiligung der Kinder zu legen, Material in der richtigen Reihenfolge herumzureichen, sich

5 Vgl. Helgard Jamal, Christoph Dahling-Sander (Hrsg.), Schöpfung, Biblische Geschichten in Begegnung mit Judentum und Islam, Hamburg 2007.

der Muße beim Hinlegen der Gegenstände anzuvertrauen, die Anspannung zu verlieren, etwas zu vergessen.

Nach ein paar Tagen wird es für alle ein Genuss. Es ist verlässlich. Die kleine Marie[6] kann sicher krabbeln, sie macht heute ihre ersten Schritte. Auch sie legt etwas hin. Alle sind bei ihr und freuen sich. Aus ausführlichen Runden, an denen jedes Kind einen Stern legt oder ein Wassertier, werden mit der Zeit kürzere Runden, an denen nur ein Teil der Kinder Figuren hinlegt. Die Krippenkinder werden nach dem ersten Teil in ihre Gruppenräume gehen; die Kita-Kinder werden in dem zweiten Teil täglich eine Episode der Geschichte von Mose erleben. Die zeitliche Gesamtlänge des Morgenkreises wird an die Möglichkeiten der Kinder angepasst. Manche Kinder scheinen sich nach einigen Morgenkreisen auf etwas Bestimmtes zu freuen. Sie lassen Körbchen mit Tieren vorbeigehen. So wie Paul. Er will eben heute nur eins: Einen Menschen hinstellen. Während sich die meisten Kinder in den Ablauf wie in einem fließenden Bach hineingeben, gibt es auch einige Kinder, die den Morgenkreis nach ein paar Tagen auch selber hätten gestalten können. So der 4,5-jährige Toni, der gerne mit dem Kopf auf dem Boden liegend, mit dem Bodenbild auf Augenhöhe, den Ablauf verfolgt und die Abfolge beinahe leise zu repetieren scheint.

Auch als am 10. Morgen die Klangschale für den Sabbat angeschlagen wird, genießen die Kinder, ob groß oder klein, sowie alle Erzieherinnen dieses besondere Hör-Ereignis. Alle lauschen dem Ton nach und folgen der Stille mit Nichtstun. Die Körper halten inne, kein Geräusch stört. Andacht. Das Lied: »Gott kommt manchmal ganz leise« nimmt das andächtige Zur-Ruhe-Kommen auf. Es wird mehrfach gesungen, dabei stehen die Kinder auf, gehen im Kreis um das Bodenbild herum und halten sich dabei an den Händen. Kinder, die noch nicht laufen können, werden getragen. Ein 14-Monate altes Kind bewegt seinen Mund zum Text des Liedes; es kann noch nicht sprechen, aber es kann das Lied mitsingen.

Im letzten Drittel dieses Rituals ziehen die Erzieherinnen mit den Krippenkindern in ihre Gruppen aus. Die älteren Kinder beenden den Gesang und suchen sich einen Platz im Kreis auf dem Boden.

---

6 Die Namen wurden in diesem Beitrag geändert.

## Zweiter Teil des Morgenkreises

Der zweite Teil des Morgenkreises beginnt, an dem jetzt nur die älteren Kinder teilnehmen. Die große Erzählung von Mose und den Israeliten, dem Auszug aus Ägypten und dem Einzug ins gelobte Land wird in zehn Episoden täglich weitererzählt.[7] Jeden Morgen steigt die Spannung, wie diese Geschichte weitergeht. Manche Eltern werden den Erzieherinnen berichten, dass ihnen ihre Kinder abends immer die Fortsetzung der Geschichte erzählen.

Das Bodenbild zu Mose wächst unterhalb des Schöpfungsbildes. Durch die Tücher entsteht vor den Augen der Kinder Ägypten, das Land an dem großen Fluss mit Namen Nil. Mit fruchtbarem Boden und mit Wüstensand. Am ersten Morgen ruft plötzlich ein Junge ganz aufgeregt in die Runde: »Da war mein Papa schon! Der war schon in Ägypten!« Mit diesem Ruf sind plötzlich alle ganz da. Eine Geschichte aus einem Land, wo vor kurzem noch der Papa war. Mit dieser Aufmerksamkeit hören die Kinder zu und sie bauen mit an der großen Stadt, in der der König Pharao herrscht. Menschen leben in diesem Land. Sie heißen Ägypter. Einige Kinder bewegen die Holzfiguren und platzieren sie an verschiedenen Stellen in Ägypten. Andere Kinder bekommen anders geformte Holzfiguren. Sie erfahren, dass es auch ein fremdes Volk in Ägypten gibt. Sie heißen Hebräer oder Israeliten. Sie haben seit einigen Jahren wegen einer Hungersnot in ihrem eigenen Land in Ägypten Zuflucht gefunden. Aber, nachdem der König gestorben war, werden sie unter dem neuen Herrscher nicht mehr freundlich behandelt. Sie werden Sklaven. Sie werden zu Zwangsarbeiten beim Bau der Pyramiden gezwungen. Die Kinder bauen die Pyramiden und stellen alle Israeliten an die Baustelle.

Jeden Morgen wird nun Ägypten wieder neu aufgebaut. Von Tag zu Tag ist es den Kindern immer selbstverständlicher, die Tücher von sich aus selbstständig zu legen, mit Bauklötzen die große Stadt, den Thron des Pharaos und die Pyramiden aufzurichten, den Erzählabschnitt vom Vortag nachzuerzählen und mit den Figuren nachzuvollziehen. Die begleitenden Worte der Erzieherin sind wohltuendes Ritual. In dieser Wiederholung, die auch die Kinder hineinnimmt, die am Vortag nicht dabei sein können, entsteht eine Intensität. Sind es die Jungen, die beim Legen der Tücher und dem Bau mit den Holzklötzen besonders engagiert sind, zeigen sich die Mädchen als besonders wachsam, als die

7 Vgl. Seite 18–41.

Geschichte von der Geburt des kleinen Moses losgeht. Sie fiebern mit, wie er gerettet wird. Sie identifizieren sich mit der Sorge um den Kleinen, verfolgen sein Leben täglich in den zwei Wochen bis hin zu seinem Tod. Sie wollen wissen, wie das genau mit diesem Jungen ist. In der zweiten Woche scheint sich eine feste Sitzordnung einzustellen: dieselben Jungen sitzen genau da, wo das Bodenbild einen neuen Erzählabschnitt verspricht. Sie wollen dem Fortgang der Geschichte besonders nahe sein. Einige liegen auf dem Boden und verfolgen jeden Schritt. Sie hören förmlich den Sand unter den Füßen der Israeliten knirschen. So sind sie auch noch in der zweiten Woche ganz vorne dabei, als die Bundeslade vor dem Volk Israel her durch die Wüste getragen wird.

In der zweiten Woche werden der Erzählstoff und damit auch das Bodenbild und alles was dazu gehört immer umfangreicher. Auch zeitlich dehnt sich der Morgenkreis auf inzwischen 50 Minuten aus. Die Konzentration ist ungebrochen hoch. Die innere und äußere Beteiligung der Kinder überrascht alle Erzieherinnen. Nicht nur die Kinder freuen sich auf jeden Morgen, sondern auch die Kolleginnen, wenn es möglich ist, sind auch der Hausmeister und die Küchenfrau dabei, sie alle verfolgen gespannt, wie es weitergeht. Der Abschluss des Morgens, gemeinsam das Bodenbild zu umrunden und das Lied zu singen: »Gott kommt manchmal ganz leise«, entspannt die Kinder und lässt sie allmählich wieder Abstand zur Geschichte gewinnen. Das Zurücksortieren wird jeden Tag sorgfältiger. In der Morgenkreisecke, siehe Seite 69, auf dem Marktplatz der Tagesstätte stehen den Tag über auf einem niedrigen Tischchen die Körbchen mit den verschiedenen Materialien, die Tücher, die goldene Bundeslade, die Klangschale und die drei Gotteshäuser aus Holz. Zum Spielen selbst werden sie von den Kindern erst nach dem letzten Morgenkreis einbezogen; was auf dem Tisch steht, scheint zum Anschauen und nicht zum Spielen zu sein. In den eigenen Gruppenräumen hat sich bei einigen Kindern etwas Neues ergeben: Einige Kinder wählen sich neuerdings Tücher als Unterlage, um darauf mit ihren Spielsachen zu spielen.

Im letzten Teil der Geschichte zieht das Volk Israel in das verheißene Land ein. Alle Kinder feiern diesen wunderbaren Einzug: Sie schwelgen wie das Volk Israel und genießen heiße Milch mit Honig, Honigkuchen, Nüsse, Weintrauben, Trockenfrüchte. Es macht ihnen Spaß, die leckeren Speisen zu probieren, sie reichen sie sich weiter und schauen erleichtert auf den weiten Weg, den das Volk Israel hinter sich gebracht hat. Die Kinder wünschen sich Musik. Als israelische Volksmusik erklingt, wird es immer lebendiger. Die Kinder kommen noch mehr in Stimmung. Einige, vor allem die Mädchen, hält es nicht länger, sie stehen auf und tanzen. Als die Musik zu Ende geht, räumen alle miteinander zusammen. Das Tuch mit dem Volk Israel im verheißenen Land bleibt erhalten und wird spontan über den Boden zum kleinen Tisch gezogen, wo die Morgenkreis-Materialien stehen. Noch einige Zeit spielen ein paar Kinder, dass das Volk Israel jetzt im verheißenen Land ist und sie in einem fruchtbaren Land angekommen sind, was ihnen Leben verheißt.

## Was sich anbahnen lässt: Ein spiritueller Lernweg des Transzendierens

Die Mose-Geschichte wird als Gesamtgeschichte in einer Auswahl von zehn Episoden an zehn Tagen im Morgenkreis erzählt. Die Geschichte übt eine enorme Faszination auf die Kinder aus. Die Faszination der Kinder ist daran erkennbar, dass sie jeden Morgen äußerst konzentriert zuhören. Die Merkfähigkeit in der Gruppe ist enorm hoch: Einzelheiten des Erzählten wie auch der im Bodenbild gestalteten Mitteilungen werden behalten und können wiedergegeben werden. Bei den Wiederholungen am darauffolgenden Morgenkreis zeigt sich dieses Phänomen durchgehend. Die Kinder erzählen es zu Hause. Ebenso schildert eine Erzieherin, die einige Tage nicht anwesend war, dass ihr die Kinder im Gruppenraum alles genau gezeigt und erzählt haben, was sie verpasst hatte. Eine der beiden Erzieherinnen, die den Morgenkreis durchführt, spürt eine Veränderung bei den Kindern, die sich allmählich entwickelt: Sie spürt, dass die Kinder durch die jeden Morgen wiederkehrende Hinführung vom Aufstellen der drei Gotteshäuser-Modelle Synagoge, Kirche und Moschee, über die Schöpfungsgeschichte, das Lied, die Rituale sowie die Wiederholung der Episode der Mose-Geschichte des Vortages »immer mehr, immer tiefer in der Geschichte ankommen«, »sich hineinfallen lassen können«, »sich selbstsicher und selbstbestimmt beim Legen der Tücher und der Figuren zeigen und sich in der Geschichte bewegen«.

Diese wiederkehrende Form der Inszenierung der biblischen Geschichte erweist sich als haltgebend. In Sicherheit und Ruhe erleben die Kinder und Erzieherinnen gemeinsam, dass es existentielle Fragen und Herausforderungen gibt, die sich erst im Laufe eines Weges, eines Lebens ergeben. Dem

Bedroht-Sein eines Menschen, eines ganzen Volkes durch Unterdrückung, Ausbeutung, Gewalt, Ermordung, Hunger, Durst, Epidemien, Unwetter, Verzweiflung, Hoffnungslosigkeit, Einsamkeit usw. begegnen die Kinder. Sie erleben die Vielschichtigkeit des Bedroht-Seins als politisch, wirtschaftlich, intrapersonal, religiös bedingte Krisen oder auch Naturereignisse, in die der Mensch nicht eingreifen kann. Der langanhaltende Spannungsbogen, der in den zwei Wochen der Morgenkreise zwischen Unterdrückung und Einzug in das gelobte Land gehalten wird, lässt die Kinder täglich erfahren, wie sich eine höhere Kraft zeigt, erkennbar wird, sich durchsetzt, jeden Tag mitgeht und sich auf unterschiedliche Weise – auch materialisiert zum Beispiel als Feuersäule, Stab, Bundeslade – situativ für das Leben einsetzt. Sie erleben bei Mose mit, wie es ist, wenn sich Menschen auf Gott einlassen.

Die Tiefe und die Konzentration, die der Morgenkreis bei den Kindern und Erwachsenen auslöst, lässt sich auch als ein spiritueller Lernweg des Transzendierens beschreiben: Es entwickelt sich eine sich wandelnde und wachsende Erkenntnis über das Geheimnis Gott, über sich selbst als Mensch, über die anderen und über die Welt. Spirituelle Prozesse lassen sich zwar pädagogisch vorbereiten, sind aber nicht »plan- und machbar«. Als Definition für das Phänomen Spiritualität schlägt Anton Bucher vor im Sinne einer Arbeitsdefinition »stets zu präzisieren« und schlägt einige Formen vor: »Spiritualität als Beziehung zu Gott oder einer höheren Macht; Spiritualität als Erfahrung der Verbundenheit mit allem Leben; Spiritualität als Selbstverwirklichung und Wachsen der Persönlichkeit; Spiritualität als intensive Sozialbeziehung ...«.[8] Bucher plädiert für ein Verständnis von Spiritualität, in dem diese wesentlich Verbundenheit und Beziehung ist, und zwar zu einem den Menschen übersteigenden, umgreifenden Letztgültigen, Geistigen, Heiligen, das für viele nach wie vor das Göttliche ist; aber auch die Beziehung zu den Mitmenschen und zur Natur. Diese Öffnung setzt voraus, dass der Mensch vom eigenen Ego absehen beziehungsweise dieses transzendieren kann.

8 Anton Bucher, Psychologie der Spiritualität, Basel 2007, S. 56.

## Performanz – gelebte Religion

Charakteristisch für den Prozess der zehn Morgenkreise ist es, dass sich ein Experimentier- und Spielraum öffnet und die Inszenierung eines heiligen Spieles geschieht: Sich mit auf den Weg von Mose zu begeben, ist kein pädagogisierter Lernweg, der eine biblische Geschichte für alle möglichen themen-, problem- und lebensweltorientierten Absichten im Bildungsgeschehen auch schon mal überstrapazieren, schlimmstenfalls funktionalisieren kann. Es handelt sich vielmehr um einen »ergebnisoffenen« Prozess, der sich am ehesten mit einem liturgischen Vollzug vergleichen lässt. Und bis zum heiligen Mahl im gelobten Land mit seinem Spannungsbogen führt. Die Erzieherinnen haben die Mose-Geschichte dramaturgisch bearbeitet, sie in Szenen unterteilt, sie in Erzählstücke übersetzt, die räumliche Konstellation geplant und sich Requisiten zur Ausgestaltung bereitgestellt. Biblische Texte dramaturgisch für einen Gruppenprozess aufzubereiten wurde bibliodramatisch verwirklicht.[9] Das Bibliodrama wird dem Inhalt biblischer Geschichte gerecht, denn das Besondere der Bibel ist es, dass sie die Geschichte Gottes mit seinem Volk mit Geschichten erzählt, Geschichten mit seinem Volk in Form von Gestalten des Glaubens. Sie erzählen von Menschen als Zeugen der Hoffnung auf Befreiung zum Leben. Sie erzählen von Menschen, die leidenschaftlich mit Gott um den Segen ringen. Geschichten vermögen Menschen auf den Weg mitzunehmen; sie möchten heilen, Mut machen und Hoffnung schenken. Bibliodrama »fängt mit Gestalten und Erfahren an ... will ästhetische, theologische und therapeutische Elemente ... ins Spiel bringen.«[10] Die Inszenierung des Mose-Stückes mit dem ›Biblischen Bodenbild interreligiös‹ trifft die methodischen und hermeneutischen Grundentscheidungen, die sich auch im Bibliodrama finden: Erstens, die ästhetische und körperorientierte Arbeit (ansprechendes Legematerial, auf dem Boden lagern, im Kreis gehen, tanzen), zweitens, das Medium Spiel (Szenarien und Konstellationen als Bodenbild zu schaffen) sowie drittens, die Möglichkeit, die Erfahrungen und Wirkungen des Prozesses zu reflektieren (Gespräch am Ende des Morgenkreises, auf spontane Äußerungen in den Gruppen eingehen).

Im Prozess des Erzählens der Geschichte und im Gestalten der Bodenbilder durch die Erzieherin und unter Einbeziehung der Kinder, die Bodenbilder zu

---

9 Else Natalie Warns, Heinrich Fallner (Hrsg.), Bibliodrama als Prozess, Bielefeld 1994.
10 Gerhard Marcel Martin, Lebensräume-Gottesräume, Stuttgart 2017, S. 75.

»bespielen«, verwandeln sich die Teilnehmenden des Morgenkreises selbst zum Volk Gottes und erleben den sich wandelnden und sich offenbarenden Gott, der sein Volk in die Freiheit führt und Hoffnung zum Leben weckt.

Die beiden durchführenden Erzieherinnen in Benz möchten wegen dieser Erfahrungen im nächsten November nochmals ein interreligiöses Projekt mit biblischen Bodenbildern durchführen.

Esther Barbara Ellrodt-Freiman

# Die mosaische Praxis in einer jüdischen Kindertagesstätte

Im Sch'ma Gebet ist zu lesen:
*Höre Israel, der Ewige, unser Gott, ist einzig. Und du sollst lieben, den Ewigen, Deinen Gott, mit Deinem ganzen Herzen, mit Deiner ganzen Seele und mit Deiner ganzen Kraft* (5. Mose 6,4–5).

Es folgen die Sätze:
*Und die Worte, die ich Dir heute gebiete, sollen in Deinem Herzen sein. Und du sollst sie einschärfen Deinen Kindern* (5. Mose 6,6–7a).

## Geschichte der religiösen Erziehung im Judentum

Die Erziehung der Kinder zur Religion, zu einem jüdischen Bewusstsein, wurde von jeher sehr ernst genommen. Allerdings bezog sich früher die religiöse Erziehung ausschließlich auf das Elternhaus. Das Gebot ›Bildet viele Schüler aus‹ bezog sich auf junge Männer, die sich mit der Erforschung der Thora und mit der Erhaltung und Weiterbildung überlieferter Lehrsätze befassen sollten. Diese Schüler schlossen sich den Schriftgelehrten an und so entstanden allmählich die Lehrhäuser. Die Erziehung der Knaben in Schulen ab sechs Jahren, die gewissermaßen mit ihrer Lehre das Elternhaus vertreten sollten, haben Juden dem Hohepriester Josua Ben Gamala zu verdanken (65 n. Chr.). Für den Unterricht von Mädchen wurde öffentlich nicht gesorgt. Obwohl der Talmud lehrt, dass man Mädchen in der heiligen Lehre (Mischna Sota) nicht unterrichten soll, ist damit nur gemeint, dass sie ein gelehrtes Studium nicht zu betreiben brauchen, aber in guter Sitte und Religion müssen auch Mädchen unterrichtet werden.

Jehuda Ben Samuel schreibt in seinem »Sefer Hachassidim«: »Jeder Mensch muss wissen, was Gottes Gebot ist. Die Gotteslehre soll die männliche Jugend in der heiligen Sprache lehren, hingegen soll man Frauen und Mädchen in der Landessprache unterweisen. Man soll den Unterricht der Mädchen leicht und angenehm gestalten.«

*Heute* lernen Jungen und Mädchen dasselbe im Religionsunterricht oder in der Jüdischen Schule, selbstverständlich auch Hebräisch, das in den meisten Synagogen die Gebetssprache ist.

Wir sehen aus diesem winzigen, geschichtlichen Abschnitt, wie wichtig Lernen, Lehren und Wissen seit jeher für das Judentum war und ist.

## Bedeutung der Praxis in der jüdischen Kindertagesstätte (Kita)

Viele Eltern vertrauen der jüdischen Kita ihre Kinder an, in der Hoffnung, dass Erzieher/-innen den Kindern die jüdische Erziehung und das jüdische Wissen geben können, mit dem die Eltern selbst überfordert sind. Die Arbeit in den Institutionen soll die Defizite ausgleichen, die oft in den jungen Familien vorhanden sind.

Deshalb werden in gewisser Weise die Eltern auch mit in den Kita-Alltag einbezogen.

Im Eingang der Kita steht eine Vitrine mit jüdischen Kultgegenständen, die eine jüdische Atmosphäre vermitteln soll. Sie enthält Dinge, die den Kindern vertraut sind, zum Teil von zuhause, zum Teil aus der Kita. Der ›Thementisch‹, der immer von einer anderen Erzieherin gestaltet wird, zeigt den Eltern: *Es steht ein Feiertag bevor*. Die Fragen der Eltern werden bereitwillig beantwortet, oft erstellen die Erzieher/-innen ein Info-Papier für die Eltern über die Bedeutung und den Ursprung des einen oder anderen Feiertages.

An jedem Freitag ist im Eingangsbereich ein Schabbattisch (Schabbat heißt Ruhetag) gedeckt, mit Blumen, Kerzen, Chalah (Mohnzöpfe) und Wein, ganz so wie der Tisch, an dem die Kinder später am Abend im Elternhaus gegebenenfalls Kabbalat Schabbat (die Eingangsfeier des Schabbats) feiern werden.

Vor dem Essen sprechen die Kinder die Segenssprüche, über Erdfrüchte, Baumfrüchte, Brot oder sonstiges, immer dementsprechend, was sie essen. Sie lernen ganz nebenbei, wo das jeweilige Essen herkommt, wo es wächst. Da ihnen die Segenssprüche altersentsprechend erklärt werden, wissen die Kinder auch deren Bedeutung. Nach dem Mittagessen wird ›Birkath Hamason‹ gesagt, ein Dankgebet mit einer schönen, eingängigen Textmelodie. Viele Kinder wollen auch zuhause oder im Urlaub im Hotel erst beten, bevor sie etwas essen. Sie wissen, dass das Tischgebet einfach dazugehört.

Im Kreis beten die Kinder jeden Tag das Sch'ma Gebet, und zwar die erste Zeile, die das ganze jüdische Glaubensbekenntnis beinhaltet und sehr wichtig ist. Im Kreis sprechen die Kinder auch mit ihrem Erzieher/ihrer Erzieherin über die Feiertage. Sie lernen Lieder und Gedichte, hören Geschichten und interpretieren das Gehörte selbst. Beim Beten, Essen, bei den Feiern und bei Kabbalat Schabbat tragen die Jungen ein Käppchen. Manche Jungen, die aus einem religiösen Elternhaus kommen, tragen das Käppchen den ganzen Tag.

## Fortbildungen für Erzieher/-innen

Die Erfahrung durch die langjährige Arbeit in den Institutionen wird durch die Seminare im jüdischen Bereich unterstützt, die von der Zentralstelle der Juden in Deutschland veranstaltet wird. Das ist eine Dachorganisation der Jüdischen Gemeinden, die dem paritätischen Wohlfahrtsverband angeschlossen ist. In der Freizeit- und Bildungsstätte Max-Willner-Heim in Bad Sobernheim finden Fortbildungen für die Erzieher/-innen und Leiter/-innen der jüdischen Kindertagesstätten statt. Der European Council of Jewish Education veranstaltet Seminare, sei es in Deutschland, im europäischen Ausland oder in Israel. Durch die enge Zusammenarbeit aller jüdischen Kitas in Deutschland, wobei sich die Leiter/-innen mehrere Male im Jahr zu Wochenendseminaren treffen, ist ein Konzept erarbeitet worden, das auch ein kurzes Curriculum für die jüdische Erziehung enthält. Dieses ist von den Gemeinden geprüft und in Kraft gesetzt worden.

So kann den Kindern sehr viel an Hintergrundwissen vermittelt werden. Sie hören biblische Geschichten, sehen Bilderbücher mit religiösen Inhalten, lernen viele hebräische Lieder, dazu auch die deutsche Übersetzung. Es gibt Audiokassetten und ab und zu auch Video-Filme entweder aus Israel oder mit biblischen oder anderen passenden Themen. Die Kinder erleben die Religion Judentum hautnah durch ihren Kita-Alltag. Mit viel Sensibilität, im Einklang mit unserem Erziehungsprinzip ›Learning by Doing‹, geht diese Art der religiösen Erziehung in der Kita vor sich.

Selbstverständlich kommen alle anderen Bereiche der frühkindlichen Erziehung und modernen Pädagogik wie zum Beispiel Fein- und Grobmotorik, Spracherziehung, soziale Erziehung, Besuche in Museen, im Theater, in der Synagoge nicht zu kurz, sie können oft mit dem Lehrplan verknüpft werden. Ich selbst führe Gruppen mit Freude durch die Synagoge.

## Praxis der jüdischen Feiertage in der Kita

Das ganze Jahr über werden die Kinder, ihrer Altersstufe entsprechend, mit dem Judentum vertraut gemacht. Außer dem täglichen Ablauf, über den ich berichtet habe, und die besondere Gestaltung des Jom Schischi, des Freitags, der im Lehrplan mit ›Schabbat‹ im Text unten ausführlich beschrieben wird, erleben sie jeden Feiertag mit verschiedenen Aktivitäten. Zuerst bekommen sie die intellektuelle Grundlage vermittelt, also die Basis, warum dieser Feiertag gefeiert wird, warum er zum Beispiel Purim oder Chanukka heißt, ebenso lernen die Kinder die jüdischen Symbole kennen. Mit Geschichten und Liedern werden sie mit der Thematik vertraut gemacht, und das Gelernte wird durch Malen und Basteln, durch Rollen- und Puppenspiele, Singen und Tänze vertieft.

Auch über die Ernährung zeigt sich der Bezug zu den Feiertagen oder zum Schabbat. Denn zu jedem Feiertag, zu dem es passt, wird mit den Kindern gebacken, ob es sich um Lewiwot (Kartoffelpuffer) oder Sufganiot (Kräppel) zu Chanukka, um Osnej Haman (Hamantaschen) zu Purim, Mazzah (ungesäuertes Brot) zu Pessach oder Chaloth (geflochtene Mohnzöpfe) zum Schabbat handelt.

Auch die Eltern nehmen gerne mit ihren Kindern an solchen Backnachmittagen in der Kita teil.

Es erfolgt oft ein Feed-Back durch die Kita zum Elternhaus, die Kinder wissen zum Beispiel ganz genau, dass man Pessach kein Brot essen darf oder wünschen sich, dass die Mutter am Freitagabend die Schabbat Kerzen anzündet und der Vater den Kiddusch (Segenssprüche über Wein und Brot) spricht.

## Der Lehrplan für die Erziehung in der jüdischen Kita

Der Lehrplan wurde auf Anregung eines Gremiums der Jüdischen Gemeinde Frankfurt am Main, bestehend aus Mitgliedern des Vorstandes, des Rabbiners, der Elternvertreter/-innen und der Kulturkommission von mir, damals Leiterin der Jüdischen Kitas in Frankfurt am Main, erstellt.

Der Erzieher/die Erzieherin hat damit ein Instrument, auf das er/sie jederzeit zugreifen kann. Das Curriculum ist leicht zu handhaben, denn Informationen, Arbeitsblätter, Geschichten, Lieder und eine Liste Hebräischer Wörter (siehe unten) passend zum Thema kann jeder Erzieher/jede Erzieherin im Curriculum abrufen. Auch für nichtjüdische Erzieher/-innen ist der Lehrplan eine reiche Quelle, um sich über die Feiertage zu informieren, und daraus Projekte zu entwickeln.

## Zur Methodik des Lehrplans

Die Lehrpläne sind als Menü zu verstehen, aus denen sich die Erzieher/-innen die Angebote, die sie für ihre Gruppe angemessen finden, heraussuchen können. Ein entsprechender Rahmenplan wird für die Eltern sichtbar zur Information in der Gruppe aufgehängt.

Durch ein Inhaltsverzeichnis mit Zahlenregister ist der Lehrplan leicht und übersichtlich zu handhaben.

Der Lehrplan hat folgenden Aufbau:

- Allgemeines über den bevorstehenden Feiertag (oder über Schabbat oder über das Gebet, usw.)
- Informationen für den Erzieher/die Erzieherin
- Aktivitäten
- Hebräische Begriffe
- Segenssprüche
- Geschichten
- Lieder
- Arbeitsblätter

Zuerst muss sich der Erzieher/die Erzieherin anhand unseres pädagogischen Zentrums in der Kita und der jeweiligen Beilage im Curriculum: »Information für den Erzieher« mit dem jeweiligen Thema vertraut machen. Segenssprüche und Gebete müssen oft selbst erlernt werden, bevor sie an die Kinder weitergegeben werden. Die Kinder sollen zuerst eine intellektuelle Basis über die angegebenen Themen bekommen, bevor sie durch kreative Tätigkeiten, Reflektion, Singen und Tanzen ihr Wissen in spielerischer Form vertiefen.

Bei den Feiertagen ist als Höhepunkt immer an die Feier in der Kita gedacht.

Kabbalat Schabbat findet jeden Freitag statt und gehört für die Kinder zu einem schönen und selbstverständlichen Erlebnis in der Kita.

Segenssprüche, Morgengebet und Tischgebet, sowie die Beachtung der Kaschrut, der Speisevorschriften (zum Beispiel gibt es zum Frühstück nur »milchiges« Essen), ist den Kindern nach kurzer Zeit in den Gruppen schon geläufig. Die Kinder, die dieses von zu Hause kennen, freuen sich, dass es auch in der Kita so ist.

## Zum Abschluss die Lerneinheit: Pessach

Gesprächsthemen:

- Wie sind die Kinder Israel überhaupt nach Ägypten gekommen, da sie doch in Kanaan lebten?
- Was geschah mit Moses, als der Pharao die kleinen jüdischen Kinder verfolgen ließ?
- Welchen Auftrag erteilte Gott an Moses, als er aus dem brennenden Dornbusch zu ihm sprach?
- Was machten die Israeliten mit dem ungesäuerten Brotteig, den sie auf ihrer schnellen Flucht mitnahmen?
- Verfolgte der Pharao die Juden immer noch, nachdem er ihnen erlaubt hatte, Ägypten zu verlassen?
- Was bedeutet Freiheit?
- Was bedeutet es, Sklave zu sein?

Inhalte:

- Die Geschichte von Jakob und seinen Söhnen, die Josef-Geschichte
- Die Geschichte von Josef in Ägypten
- Erzählen von 400 Jahren Unterdrückung und Versklavung in Ägypten
- Die Geschichte vom Baby Moses, das die Prinzessin am Nil fand
- Auftrag Gottes an Moses, das Volk aus Ägypten herauszuführen
- Der Widerstand Pharaos und die zehn Plagen, die Gott sandte (das Erschlagen der erstgeborenen Ägypter sollte man kleinen Kindern nicht erzählen)
- Erzählen der Zehn Plagen, wie der Pharao immer wieder sein Versprechen brach, das Volk ziehen zu lassen
- Die schnelle Flucht unter Mitnahme des ungesäuerten Brotteiges, das Backen auf heißen Steinen in der Wüste, Mazzah

- Die weitere Verfolgung der Israeliten durch Pharao, das Wunder, das Moses mit seinem Stab vollbrachte, das Teilen des Meeres und der Durchzug des Volkes. Der Untergang Pharaos und die endliche Befreiung: Wir sind keine Sklaven mehr!

Aktivitäten:

- Malen, Kleben, kreatives Gestalten der obengenannten Themen
- Mazzah backen
- Sederteller herstellen mit den verschiedenen Symbolen für den Sederabend
- Ein Glas für den Propheten Elias gestalten, einen Teller für die Mazzah für Zuhause herstellen
- Szenen aus der Bibel nachspielen lassen
- Den Durchzug der Kinder Israel durch das Schilfmeer als Gemeinschaftsarbeit kreativ gestalten lassen
- Die größeren Kinder können Pyramiden basteln - Vermittlung der Kenntnisse über geometrische Körper
- Alle Schubladen und Schränke mit den Kindern ausputzen, mit einer großen Feder! Wie man auch zu Hause alles reinigt und vom Gesäuerten befreit
- Die Geschichten immer wiederholen, mit Bildern aus der Kinderbibel und der Haggada einprägsam machen
- In der Kita wird ein ›Modell-Seder‹ abgehalten, mit allen Symbolen, und allem, was dazu gehört. Seder heißt auf Hebräisch »Ordnung«. In einer bestimmten Ordnung wird der Sederabend gefeiert, im Gedenken an den Auszug der Kinder Israel aus Ägypten. Alle Gebete, Lieder und Geschichten sind in der Haggada enthalten, ein Büchlein, das den Verlauf des Abends vorgibt. Der Ablauf ist aus der Kinder-Haggada ersichtlich. Alle Kinder lernen, das Manishtana zu singen: »Was unterscheidet diese Nacht von allen anderen Nächten?«

| Hebräische Begriffe: | |
|---|---|
| Lechem | Brot |
| Mazzah | Mazze (ungesäuertes Brot) |
| Chametz | Gesäuertes |
| Paro | Pharao |
| Kos | Glas |
| Kos Elyahu | Das Glas von Elia |
| Midbar | Wüste |
| Jam | Meer |
| Jam Suf | Schilfmeer |
| Avadim | Sklaven |
| Leil Haseder | Sederabend |

## Zwei Pessach-Geschichten

*Die erste Geschichte* ist angelehnt an 2. Mose 6, 29-30:

*Und der Ewige zu Moses sprach. Ich bin der Ewige, sprich zu Pharao, dem König von Ägypten, alles was ich zu dir reden werde. Da also sprach Moses vor dem Ewigen: Siehe meine Lippen sind verschlossen, wie wird denn Pharao auf mich hören?*

### *Warum Moses kein guter Redner war*

Nachdem Pharaos Tochter Moses im Körbchen, im Schilf am Ufer des Nils, gefunden hatte, nahm sie ihn mit in den königlichen Palast und kümmerte sich um ihn. Sie hatte Moses sehr lieb, küsste ihn, und spielte mit ihm, als ob er ihr eigenes Baby wäre. Er war so hübsch, dass jeder, der ihn sah, ihn gernhatte. Die Prinzessin bekam Angst, dass ihm etwas passieren könnte, und erlaubte ihm nicht den königlichen Palast zu verlassen.

Wie ein richtiger »Großvater« liebte es auch der Pharao, den kleinen Moses zu drücken und zu küssen. Und Klein-Moses liebte es, die Krone von des Königs Kopf zu ziehen, und sie im Spiel auf seinen Kopf zu setzen.

Die Zauberer und Minister des Pharaos sahen dies und sagten zum Pharao: »Er, der die Krone dir vom Haupte zieht und sie auf seinen eigenen setzt, wir haben Angst vor ihm!«

Pharao lachte sie aus, aber die Minister sannen über einen Weg nach, um herauszufinden, ob das Kind dumm oder klug sei. Wenn es dumm wäre, hätten sie nämlich nichts zu befürchten.

Sie stellten vor Moses einen goldenen Becher und eine Schale mit einem Stück rotglühender Kohle hin. Würde er die Hand nach dem Gold ausstrecken, wäre das der Beweis, dass er klug war, und dann wollten sie ihn umbringen. Würde er dagegen nach der Kohle greifen, wäre das ein Zeichen seiner Dummheit, und dann würde ihm nichts passieren.

Moses streckte das Händchen aus, um nach dem Gold zu greifen, aber der Erzengel Gabriel, der unsichtbar hinter ihm stand, führte seine Hand zu der Kohle. Moses ergriff die glühende Kohle und steckte sie in den Mund, nach Art der kleinen Kinder, die immer alles in den Mund stecken. Da verbrannte er sich die Zunge, und deshalb war Moses später ein schlechter Redner.

## Die zweite Pessach-Geschichte:

*Der kluge Knabe und der Grieche*

Im Talmud wird erzählt, wie ein Reisender aus Griechenland beschloss, sich einen Spaß mit einem kleinen Jungen zu machen, der in den Straßen von Jerusalem spielte. »Nimm diese Münze«, sagte der Grieche, »und kaufe etwas für mich, das ich jetzt essen kann, und von dem ich noch immer etwas übrighabe, für den Rest meiner Reise.«

Der Junge nahm die Münze und ging weg. Eine Stunde war vergangen, und er war noch immer nicht zurückgekehrt. Der Grieche war sicher, dass der Junge die Münze genommen hatte und damit weggelaufen war. Als er schon seines Weges gehen wollte, kam der kleine Junge mit einer großen Tüte.

»Das wird dir für deinen ganzen Besuch in Jerusalem und noch länger reichen!«, sagte der Junge zu dem Besucher aus Griechenland.

»Was mag nur in der Tüte sein?«, fragte sich der Besucher neugierig, während er die Tüte öffnete. »Oh, Salz, Salz!« rief er. »Das wird für deinen ganzen Besuch und noch länger reichen!«, sagte stolz der kleine Junge aus Jerusalem.[1]

1 Salz wird beim Sederabend zweimal verwendet: 1) Wir tauchen Petersilie in Salzwasser. Petersilie erinnert die Juden an die karge Sklavenmahlzeit. Salzwasser erinnert an die Tränen der jüdischen Sklaven. 2) Wir essen ein hartgekochtes Ei, das wir in Salzwasser tauchen. Es erinnert uns an die Opfer, die im Tempel in Jerusalem dargebracht wurden. Im Tempel benutzte man Salz, um das Fleisch haltbar zu machen.

Heidi Räß

# Das Projekt ›Mose‹ in der Grundschule Steinach in Niederbayern

Die Josef-Schlicht-Grundschule in Steinach ist eine kleine Schule im Landkreis Straubing-Bogen. Im November 1996 wurde unserer Schule anlässlich der Schulhauseinweihung der Beiname »Regenbogenschule« gegeben. Der Regenbogen in seiner Farbenvielfalt zeigt uns die Bedeutung von Miteinander und Unterschiedlichkeit. Die Farben, die den Regenbogen ausmachen, sind nicht gleich. Zusammen ergeben sie das Bild, das wir bewundern. Fehlt auch nur eine Farbe, ist der Regenbogen nicht komplett, macht ihn schwächer, weniger ausdrucksstark.

Das ist ein Motto unserer Schule: Die Kinder in all ihren Unterschiedlichkeiten sind gleich wertvoll und wichtig. Jedes Mitglied der Schulgemeinschaft hat eine spezielle Aufgabe, jeder Einzelne wird gebraucht. Erst im Miteinander entsteht eine Gemeinschaft, die jeden trägt.

Der Regenbogen wird auch als Zeichen der Versöhnung gesehen, wie es aus der Noah-Geschichte bekannt ist. Ohne Versöhnungsbereitschaft gelingt kein Miteinander. Aus diesem erwächst auch echte Toleranz, die den anderen ebenso achtet wie sich selbst. Dieses Motto passt – wie ich finde – ausgezeichnet zu der »Goldenen Regel«, die uns in allen Religionen begegnet, siehe Seite 50.

## Religionsunterricht an der Regenbogenschule

Ich unterrichte jetzt im dritten Jahr an der Regenbogenschule in Steinach evangelische Religionslehre. Seit diesem Schuljahr 2018/19 bin ich als Klassenlehrerin einer ersten Klasse ganz dorthin versetzt worden. Außer an dieser Schule bin ich noch an zwei weiteren Schulen für den evangelischen Religionsunterricht verantwortlich.

In unserem eher ländlich geprägten Landkreis, mit einer überwiegend katholischen Bevölkerung, gibt es zu wenige Lehrkräfte der Grund- und Mittelschule mit der Lehrbefähigung für evangelische Religionslehre. Es ist daher nicht unüblich, in der Grundschule die Kinder aus den Jahrgängen 1 bis 4 zu einer Religionsgruppe zusammenzufassen. Auch in der Mittelschule werden die Jahrgänge von der fünften Klasse bis zur neunten oder sogar zehnten Klasse zusammen unterrichtet. Die Schülerzahlen variieren dabei von der Mindestanzahl von 5 Schülern bis zu 15 Kindern pro Religionsgruppe. An manchen sehr kleinen Grundschulen ist es so, dass die Mindestanzahl für eine Religionsgruppe nicht erreicht wird und die Schüler/-innen am katholischen Unterricht teilnehmen.

Im Schuljahr 2018/19 besuchen insgesamt 10 Kinder einmal in der Woche für eine Doppelstunde meinen Religionsunterricht. Die Gruppe setzt sich folgendermaßen zusammen: vier Erstklässler, ein Zweitklässer, drei Drittklässler und zwei Viertklässler.

Um den verschiedenen Lernbereichen der einzelnen Jahrgangsstufen gerecht zu werden, ist eine detaillierte Jahresplanung nötig, da ich auch zwischen den einzelnen Themenbereichen der verschiedenen Jahrgangsstufen wechsle. Von Vorteil erweist sich hier, dass ich meine Religionsgruppen mehrere Jahre hintereinander habe und ich somit genau weiß, auf welchem Wissenstand die Kinder sind.

## Kompetenzstrukturmodell des Evangelischen Religionsunterrichts in Bayern

Wichtig ist, dass sich der Evangelische Religionsunterricht am Kompetenzstrukturmodell des neuen bayerischen Lehrplan Plus ausrichtet. Hier geht es vor allem um einen kompetenzorientierten Unterricht.

»Die prozessbezogenen Kompetenzen bilden den äußeren Rahmen des Modells und gliedern sich in vier Bereiche: *wiedergeben und beschreiben*, *wahrnehmen und deuten*, *reflektieren und urteilen*, *sich ausdrücken und kommunizieren*. Sie greifen fortlaufend ineinander. Die drei Gegenstandsbereiche *Christlicher Glaube evangelischer Prägung*, *Identität und Gemeinschaft* sowie *Religion in einer pluralen Welt* sind aufeinander bezogen und miteinander verschränkt.«[1]

1 Handreichung zum Lehrplan Plus für den evangelischen Religionsunterricht, Religionspädagogisches Zentrum Heilsbronn, Heilsbronn 2014, S. 23.

Die einzelnen Lernbereiche der Jahrgangsstufe 1 und 2 stimmen mit denen der Jahrgangsstufe 3 und 4 überein. Durch das wiederholte Aufgreifen ergeben sich vielfältige Möglichkeiten, aufbauendes Lernen zu schaffen.

Vor allem in meiner Situation der jahrgangsübergreifenden Religionsgruppen hat sich die Vernetzung der Lernbereiche untereinander als Vorteil gezeigt. So sind zum Beispiel manche biblischen Geschichten Teil mehrerer Lernbereiche und können so von unterschiedlichen Perspektiven aus betrachtet werden.

Das bedeutet für unsere Mose-Geschichte, dass ich sie gleich mehreren Lernbereichen – sowohl für die Jahrgangsstufen 1 und 2 als auch den Jahrgangsstufen 3 und 4 – zuordnen kann.

## Evangelische Religionslehre für die 1. und 2. Klasse[2]

Lernbereich 1: *Nach Gott fragen – Gott begleitet*
Kompetenzerwartung: Schülerinnen und Schüler …

- bringen eigene Vorstellungen von Gott, seinem Wesen und Wirken in unterschiedlichen Formen zu Ausdruck (zum Beispiel in Bildern, mit Symbolen, im Gespräch).
- entdecken in biblischen Geschichten Antwortangebote auf die Frage nach Gottes verlässlicher Begleitung auch in schwierigen Situationen und bringen eigene Gedanken und Erfahrungen dazu ein.
- bringen das Symbol Weg in Beziehung zu Erfahrungen, die Menschen mit Gott machen und gewinnen dabei erste Einsichten in biblische Symbolsprache.

Lernbereich 5: *Beten – mit Gott im Gespräch sein*
Kompetenzerwartung: Schülerinnen und Schüler …

- formulieren Gebete zu unterschiedlichen Anlässen (Unterdrückung des Volkes Israel, Auszug aus Ägypten, …).

Lernbereich 7: *Andere in ihrer Vielfalt wahrnehmen und Eigenes entdecken*
Kompetenzerwartung: Schülerinnen und Schüler …

- nehmen in ihrer Klasse und in ihrem Lebensumfeld Menschen auch in ihrer konfessionellen, religiösen und weltanschaulichen Verschiedenheit wahr.

---

2 www.ev-reli.de/handreichung-zum-lehrplanplus-für-den-evangelischen-religionsunterricht-der-grundschule (abgerufen 14.12.2018).

## Evangelische Religionslehre für die 3. und 4. Klasse[3]

Lernbereich 1: *Nach Gott fragen – Gott ist größer*

Kompetenzerwartung: Schülerinnen und Schüler…

- entdecken in ausgewählten biblischen Geschichten vielfältige Aussagen über Gott und bringen diese mit eigenen Erfahrungen in Verbindung ›Gott führt in die Freiheit: Moses Geburt und Rettung (2. Mose 2,1–10); Berufung (2. Mose 3,1–5,13–15); Mose und der Pharao (2. Mose 15,20–21); Passahfest und Auszug (2. Mose 12–14); Zehn Gebote (2. Mose 20,1–17).
- drücken durch Sprache, Musik oder Kunst aus, was es für Christen bedeutet, auf einen Gott zu vertrauen ›Mirjams Loblied (2. Mose 15,20f.).
- nehmen wahr, dass Menschen zu allen Zeiten in ihrem Bemühen Gott zu begreifen, an Grenzen stoßen und bringen dazu eigene Gedanken und Vorstellungen ein, ›Wanderung durch die Wüste; das goldene Kalb (2. Mose 32).

Lernbereich 7: *Mit Menschen anderer Religionen im Dialog sein*

Kompetenzerwartung: Schülerinnen und Schüler …

- denken darüber nach, was Christen an ihrem Glauben wichtig ist.
- kennen die Bedeutung von besonderen Räumen, heiligen Schriften oder Gebet in Judentum und Islam, stellen Bezüge zum Christentum her.
- stellen anhand eines ausgewählten Festes die damit verbundenen Glaubensinhalte einer anderen Religion dar (Passafest der Juden zur Erinnerung an den Auszug aus Ägypten).
- gehen in ihrem Umfeld mit Menschen anderer Religionen und Kulturen respektvoll um.
- nehmen bei allen Unterschieden auch Gemeinsamkeiten zwischen den Weltreligionen wahr.

## Fortbildung im Religionspädagogischen Zentrum in Heilsbronn

Als ich bei einer Fortbildung zu dem Thema ›Alle Jahre wieder? Christliche Feste im Kirchenjahr – Kinder interreligiös bilden‹ im Religionspädagogischen Zentrum in Heilsbronn im März 2018 die Referentin Frau Dr. Helgard Jamal kennenlernte, war ich von ihrer Idee, gemeinsam mit meiner Religionsgruppe

3 Handreichung zum Lehrplan Plus für den evangelischen Religionsunterricht, RPZ Heilsbronn, Heilsbronn 2014, S. 33 und S. 37.

ein ›Biblisches Bodenbild interreligiös‹ zu legen, sofort begeistert. Wir einigten uns auf einen Termin gleich im neuen Schuljahr 2018/19.

## Vorbereitung des Projektes ›Mose‹

Zum Ende des Schuljahres 2017/18 nahm ich in meiner jahrgangsübergreifenden Religionsgruppe die Geschichte von Mose ausführlich durch.

Im Anschluss daran behandelte ich die drei Weltreligionen Christentum, Islam und Judentum im Unterricht. Die Schülerinnen und Schüler stellten dabei fest, dass jede der vorgestellten Religionen ihr eigenes Profil besitzt. Jedoch erzählen sie auch von denselben Personen und es verbinden die gemeinsamen Ziele. Auch informieren beispielsweise die Feste bei allen Religionen über Glaubensinhalte, berichten über wichtige Ereignisse und Personen oder erklären Rituale. Feste, in denen beispielsweise das Licht bedeutsam ist, feiert jede Religion. Das Licht ist ein Symbol für das Gute, das Göttliche.

Schülerinnen und Schüler erarbeiteten zum Beispiel ein Arbeitsblatt zum Passahfest:[4]

Judentum: Eines der wichtigsten Ereignisse in unserer Geschichte ist die Flucht des Volkes Israel aus Ägypten. Die Israeliten wurden dort als Sklaven gehalten. Um den Israeliten zu helfen, schickte Gott den Ägyptern Plagen. Das waren Naturkatastrophen wie zum Beispiel eine Heuschreckenplage und Krankheiten. Erst nach der zehnten Plage erlaubte der Pharao dem israelitischen Volk, das Land zu verlassen. Er wusste jetzt, dass der Gott der Israeliten sehr mächtig war. Die Israeliten brachen Hals über Kopf auf.
An dieses Ereignis des Auszugs aus Ägypten erinnert der Sederabend in besonderer Weise mit einem großen Familienfest. In der Mitte des Tisches steht dann der Sederteller. Für jede Speise bietet der Teller einen besonderen Platz und jede Speise erfüllt einen bestimmten Zweck.

| *Speise* | *Erinnerung* |
|---|---|
| Lammknochen | Am Vorabend wurde in jeder Familie ein Lamm geopfert und gegessen. |
| Ei | Das Symbol für das Leben in einem neuen Land. |
| Petersilie | Ein grünes Kraut, das für Frühling und Hoffnung steht. |

4 Winfried Röser, Lernstationen – Religionen der Welt, Differenzierte Materialien für den Ethikunterricht, Hamburg 2017, S. 56.

| Bitterkräuter | Der bittere Geschmack erinnert an das harte Leben in der Sklaverei. |
|---|---|
| Haroset | Ein Brei aus Äpfeln, Nüssen und Zimt, der süß schmeckt, aber wie Lehm aussieht und damit an die harte Arbeit erinnert. |
| Salzwasser | Es erinnert an die vielen Tränen der Israeliten während ihrer Sklavenzeit. |
| Matze | Dünnes Brot, denn die Israeliten mussten Ägypten in großer Eile verlassen und hatten keine Zeit, Brot aus Sauerteig zu backen. |

Schülerinnen und Schüler mussten auf diesem Arbeitsblatt jeweils Speise und Erinnerung zusammenfügen. Sie malten Bilder zur Mose-Geschichte und zum Sederabend, siehe Seite 43 und 48.

## Das Projekt Mose – Biblisches Bodenbild interreligiös

Am 1. Oktober 2018 war es dann soweit. Da ich für den Regierungsbezirk Niederbayern die Fachberaterin für Evangelischen Religionsunterricht an Grund- und Mittelschulen bin, lud ich auch gleich zu einer Lehrerfortbildung für staatliche Lehrkräfte mit Vocatio ein.

Die Lehrerinnen und Lehrer sahen bei der Arbeit mit den Kindern zu, siehe Seite 46.

Nach den Schulstunden erklärte Frau Dr. Helgard Jamal ihre Konzeption zur interreligiösen Bildung anhand einer PowerPoint Präsentation und beantwortete die gestellten Fragen der anwesenden Lehrerinnen und Lehrer.

*Die Unterrichtsstunden des Projektes:*

*›Biblisches Bodenbild interreligiös‹ zu der Geschichte von Mose (Stunde 1/2)*

*Benötigtes Unterrichtsmaterial*:

- Naturmaterialien (Stoffe, Strohhalme, Ähren, Blätter, Kastanien, Steine, ...), siehe Seite 42.
- Holzfiguren für alle Personen, die in der Geschichte von Mose vorkommen, siehe Seite 44.
- Modelle der drei Gotteshäuser: Synagoge, Kirche, Moschee, siehe Seite 14.

*Unterrichtsschritte:*
Bildung eines großen Sitzkreises mit freier Mitte. In diese Mitte werden später die Stoffe für Himmel und Erde ausgelegt. Alle Schülertische werden an die Seite geschoben. Auf diesen Tischen stehen Schalen mit diversen Materialien zum Legen, ebenso eine Holzschüssel mit Holzfiguren.

1. *Erzählung:* Juden, Christen und Muslime glauben, dass Gott die Welt erschaffen hat, den Himmel, Sonne, Mond und Sterne. Die Erde, Wiese, Wüste, Flüsse, das Meer, die Kräuter und Bäume, die Tiere und die Menschen.
   - Stoffe legen.
   - Schülerinnen und Schüler legen Sterne aus Strohhalmen, Sonne und Mond, die Blätter und die Tiere, siehe Seite 44.

2. *Erzählung:* Gott liebt jeden Menschen, dich und mich. Er möchte, dass wir uns gut vertragen. In allen Religionen – in den Abraham-Religionen: Judentum, Christentum und Islam und in den östlichen Religionen Hinduismus und Buddhismus – gibt es die »Goldene Regel«: Behandle den anderen so, wie du behandelt werden willst! Gott freut sich, wenn wir uns gut verstehen.

   Heute hören wir die Geschichte von Mose. Sie wird von Juden, Christen, und Muslimen in der Familie erzählt. Sie wird sowohl in der Kita und in der Schule, als auch in der Synagoge, Kirche und Moschee erzählt.

   - Modelle der drei Gotteshäuser werden in die Mitte gestellt: Synagoge, Kirche, Moschee.

3. *Erzählung:* Wir hören heute die Geschichte von Mose aus Ägypten.
   - Verteilung der Figuren: Mose, Aaron, Mirjam, Pharao, Tochter des Pharaos, Volk Israel.
   - Jede Schülerin und jeder Schüler erhält eine Figur und stellt diese auf das Bodenbild, wenn die Person genannt wird. Das jeweilige Kind stellt seine Figur um, wenn es die Erzählung erfordert.

- Die oder der Erzählende stellt weitere Personen der Geschichte vor.
- Darreichung der Figuren und Naturmaterialien durch die Lehrerin (im Uhrzeigersinn).

4. *Erzählung: Die Geburt von Mose*; Seite 18 und 19
Das Volk Israel wohnt nach Josefs Tod im reichen Land Ägypten. Der Pharao, für den die Israeliten als Sklaven arbeiten müssen, hat Angst, dass sie immer mehr werden. Er veranlasst, die neugeborenen Söhne des Volkes Israel zu töten. Die Mutter von Mirjam und Aaron will ihr Baby retten und setzt es in einem Körbchen im Nil aus. Dort findet die Tochter des Pharaos den Korb mit dem Neugeborenen und nimmt ihn bei sich auf.

- Jede Schülerin/jeder Schüler legt eine Ähre auf ein goldenes Tuch. Ähren stehen für den Reichtum in Ägypten.

5. *Erzählung: Unterdrückung, Heiliger Ort, 10 Plagen, Auszug*; Seite 20–27
Mose wächst im Palast des Pharaos auf. Als junger Mann sieht er, wie ein ägyptischer Aufseher einen Israeliten schlägt. Das macht ihn so wütend, dass er den Aufseher tötet und ihn anschließend vergräbt.

Der Pharao erfährt davon und will Mose zur Rechenschaft ziehen. Daraufhin flieht Mose ins Land Midian. Er heiratet dort und wird Schafhüter.

Eines Tages sieht Mose auf dem Berg Horeb einen brennenden Dornbusch, der aber nicht verbrennt. Durch ihn spricht Gott zu Mose: »Ziehe deine Schuhe aus. Du stehst auf heiligem Land. Geh' nicht weiter! Ich bin der Gott deines Vaters, der Gott Abrahams, der Gott Isaaks, der Gott Jakobs. Ich sehe den Schmerz meines Volkes Israel. Du, Mose, sollst mein Volk aus Ägypten führen!«

Mose fragt: »Sie werden fragen, wer ist dein Gott?« »Ich bin, der ich bin«, sagt Gott, »antworte, der ›Ich-bin-da‹ hat mich zu euch gesandt, das ist mein Name ewiglich«.

Mose macht sich auf den Weg nach Ägypten, um sein Volk aus der Sklaverei zu befreien.

Er bittet den Pharao: »Lass das Volk ziehen! Gott will es so!« Der Pharao entgegnet: »Ich bin Gott. Das Volk Israel soll noch härter arbeiten!«

Da greift Gott ein und schickt 9 furchtbare Plagen, Naturkatastrophen und Krankheiten, über das Land Ägypten.

Die Israeliten werden von den Plagen zwar verschont, dürfen das Land aber immer noch nicht verlassen.

Gott sagt zu Mose: »Der Pharao soll erkennen, dass ich Gott bin.« Er schickt die 10. schlimmste Plage und schließlich willigt der Pharao ein und lässt das Volk Israel mit Mose ziehen.

Das Volk Israel zieht mit Mose fort. Dem Pharao fehlen jetzt aber die Arbeitskräfte, deshalb schickt er seine Armee hinterher, um die Israeliten wieder zurückzuholen.

Während ihrer Wanderschaft kommen die Israeliten an ein großes Wasser. Sie können es nicht überqueren, sehen aber, dass die Armee des Pharaos näherkommt. Sie haben Angst und wollen schon aufgeben. Mose sagt: »Gott wird uns helfen!« Er streckt seine Hand in die Höhe und das Wasser teilt sich. Mose und das Volk der Israeliten können ungehindert hindurch gehen.

Als dies aber auch die ägyptischen Kämpfer versuchen, strömt das Wasser wieder zurück und viele ägyptische Männer ertrinken im Meer. Das Volk Israel aber ist gerettet.

- Jedes Kind führt die eigene Figur und ein Schaf durch das Meer, siehe Seite 44.

6. *Erzählung: Loblied von Mirjam*; Seite 28 und 29.
   Die Prophetin Mirjam, Moses Schwester, lobt Gott. Sie singt, trommelt und tanzt dazu. Alle Frauen tun es Mirjam gleich. Sie tanzen, singen und loben Gott.
   - Die Kinder singen: ›Lasst uns miteinander, lasst uns miteinander singen, loben, danken dem Herrn, lasst uns das gemeinsam tun, singen, loben danken dem Herrn‹[5], begleitet mit Becken und Schellen und gehen im Kreis.
   - Jedes Kind legt eine bunte Feder zu Mirjam und den Frauen.

5 Evangelisches Gesangbuch, Ausgabe für die Evangelisch-Lutherischen Kirchen in Niedersachsen und für die Bremische Evangelische Kirche, Nr. 563, Bremen 1994.

7. *Erzählung: Brot und Wasser, Berg Sinai, die 10 Gebote, goldenes Kalb*; Seite 30–37.
   Die Wanderung durch die Wüste dauert sehr lange. Bald schon sind die Vorräte verbraucht. Das Volk Israel muss Hunger und Durst leiden. Sie sind wütend auf Mose, weil er sie so lange herumführt. Sie zweifeln an der Entscheidung, Ägypten verlassen zu haben. Mose und Aaron beruhigen sie und versprechen ihnen, dass sie bald die Herrlichkeit Gottes sehen werden. Und tatsächlich haben alle am Morgen Fleisch von Vögeln, viele Körner von Getreide um Brot zu backen und Wasser, das aus einem Felsen fließt. Gott hat sie satt gemacht.

   Als sie in der Wüste vor dem Berg Sinai lagern, hört Mose Gott sprechen. Er steigt auf den Berg und sieht eine Wolke, aus der Gott spricht: »Sage dem Volk Israel: Ich habe euch wie auf Flügeln der Adler getragen. Ich habe euch in die Freiheit geführt. Ich beschütze euch. Wenn ihr auf meine Stimme hört, seid ihr mein heiliges auserwähltes Volk!« Das Volk Israel will Gott folgen und seine Gebote halten.

   Diese Gebote gelten auch für uns und drücken aus, wie es ist, wenn wir sie beachten:

   1 Ich bin dein Gott: ›Ich -bin-da‹. Ich habe dich lieb.
   2 Du kannst zu mir beten. Ich höre zu.
   3 Du kannst dich über die Vielfalt der Religionen freuen.
   4 An einem Tag in der Woche hast du frei.
   5 Du kannst dich als Vorbild für deine Kinder später um deine Eltern kümmern.
   6 Du tust keinem weh.
   7 Du bist fair und gerecht.
   8 Du nimmst niemandem etwas weg.
   9 Du sagst nichts Falsches über andere.
   10 Du bist nicht neidisch.

   Menschen handeln nicht immer nach den Geboten. Nachdem Mose sehr lange auf dem Berg Sinai bleibt, macht sich das Volk Israel große Sorgen.

Sie haben plötzlich niemanden mehr, der ihnen den Weg zeigt und sie beschützt. Voller Ungeduld beschwören sie Aaron: »Gib uns einen Gott aus Gold, den wir sehen können!« Aaron lässt Gold schmelzen und sie fertigen daraus ein goldenes Kalb. Sie verehren es und feiern ein Fest.

Gott sieht das Verhalten seines Volkes und spricht zu Mose: »Das Volk Israel hält meine Gebote nicht ein!« Gott ist zornig auf das Volk Israel. Mose beschwichtigt und erinnert Gott an sein Versprechen: »Du hast versprochen, dein Volk Israel in das versprochene Land zu führen, wie du es schon Abraham, Isaak und Jakob versprochen hast.« Gott will sein Versprechen halten.

Als Mose den Gottesberg hinabsteigt, sieht er das goldene Kalb, ist außer sich vor Wut und zerstört dieses. Gott sagt: »Das Volk bleibt 40 Jahre in der Wüste, bevor es in das versprochene Land gehen wird.«

– Die Kinder legen einen langen Weg mit Kastanien, siehe Seite 45.

8. *Erzählung: 10 Gebote, Moses Tod, das gelobte Land Kanaan*; Seite 38–41.
Gott befiehlt Mose noch einmal auf den Berg Sinai zu gehen. Dort bleibt er 40 Tage, betet, fastet und haut die 10 Gebote auf zwei steinerne Tafeln.

Damit geht Mose zu seinem Volk zurück und erklärt ihnen die Gebote Gottes. Gott begleitet sein Volk den ganzen langen Weg ins gelobte Land und zeigt ihnen den Weg.

Das Volk ist aber auch verbittert, weil sie viele Entbehrungen hinnehmen müssen und weil so viel Zeit vergeht. Sie leiden Hunger und Durst. Gott hilft ihnen auch in dieser Situation. Die Israeliten wandern 40 Jahre lang durch die Wüste. In dieser Zeit sterben Miriam, Aaron und Mose. Das Volk Israel trauert über jeden einzelnen viele Tage lang.

Dann gehen die Israeliten in das versprochene Land Kanaan, das Gott Mose noch kurz vor seinem Tod von einem Berg gegenüber gezeigt hatte.

- Die Kinder suchen aus Naturmaterialien »was Schönes« und legen es auf das grüne Tuch (Kanaan), siehe Seite 46.

Pause

9. *Individuelles Einzelbodenbild legen*
   Die Kinder legen ein Einzelbodenbild. Sie nehmen ein Tuch und wählen aus den vielen Figuren und Naturmaterialien passende Stücke aus. Sie überlegen sich etwas und legen zu dem Impuls: »Ich gehen meinen Weg und fühle mich behütet« ein Einzelbodenbild, siehe Seite 47.

10. *Abschlussritual*
    Die Kinder gehen einmal im Kreis singend um die Bodenbilder. Sie bleiben stehen und nehmen die Bodenbilder »in Kopf und Herz«, schließen die Augen – öffnen die Augen.

    – Alle räumen gemeinsam auf.

*Stunde 3/4: Gedanken, Gefühle zu den Einzelbodenbildern beschreiben und verschriftlichen; Würdigung der einzelnen Bodenbilder*, siehe Seite 47.

Die Kinder meiner Religionsgruppe bekommen in der nächsten Doppelstunde Religion ein Foto, das sie am Tag der ersten Unterrichtseinheit mit ihrem individuell gelegten Einzelbodenbild zeigt.

Jedes Kind erklärt anhand des Fotos noch einmal, was es sich beim Legen gedacht hat, was es gefühlt hat und warum es genau dieses Material verwendet hat.

Anschließend sollen die Kinder in kurzen Sätzen, ihre Gedanken aufschreiben. Im Sitzkreis darf nun jeder sein kleines fertiges Präsentationsbild zeigen und es wird von den Schülern und von mir gewürdigt.

Im Anschluss daran malen die Kinder noch ein Bild, welche Geschichte der »großen Mose-Geschichte« ihnen besonders gefallen hat. Voller Begeisterung erinnern sie sich an das Loblied von Miriam. Das natürlich auch sofort – mit Orff-Instrumenten begleitet – gesungen und getanzt wird. Es entwickeln sich sogar kleine Tanzchoreografien, um die Freude der Befreiung aus Ägypten Ausdruck zu geben.

Das gibt dem Projekt einen fröhlichen Abschluss.

# IV. Grundlagen der Religionen

Bruno E. Landthaler

## Gebote und Regeln im Judentum

### Gesetze versus Wertorientierung

Es dürfte kaum auf Widerstand stoßen, wenn man feststellt, dass ein gesellschaftliches Zusammenleben nur dann gelingen kann, wenn sich die Gesellschaft Gesetze und Regeln gibt, an die sich alle Mitglieder halten sollen. Dass die heutigen Demokratien nicht nur von einer Volkssouveränität ausgehen, sondern ebenso auf rechtsstaatlichen Prinzipien beruhen, ist für diese Einsicht ein wichtiger Fortschritt der abendländischen Geschichte geworden. Rechtsstaatlichkeit, also das Leben mit Gesetzen und Verordnungen, die für alle gelten, ist für den modernen westlich geprägten Bürger eine Selbstverständlichkeit geworden, ohne die zu leben kaum mehr vorstellbar ist, auch wenn die Komplexität der Gesetzeswerke oft genug als ein Leidwesen modernen Lebens begriffen wird. Aber es wird sich heute kaum jemand wünschen wollen, in einem Willkürstaat zu leben, selbst dann nicht, wenn er den Rechtsstaat als übergriffig oder ungerecht sich selbst gegenüber begreift.

Gleichwohl kann man in neuerer Zeit in Deutschland eine interessante Beobachtung machen: Es wird sehr viel von demokratischen Werten gesprochen, also nicht von demokratisch legitimierten Gesetzen oder Verordnungen, sondern eben von Werten, die gemeinhin nicht genau definiert oder durch ein Parlament legitimiert wären, sondern das wiedergeben sollen, was die Gesellschaft als Ganze zusammenhält und für lebenswert erachtet. Auf Werte zurückzugreifen entzieht dem Gesetzgeber quasi die alleinige Kompetenz, die Verfasstheit der Gesellschaft zu bestimmen und gibt sie auch in die Hände gesellschaftlicher Gruppen, die darüber befinden, was unter den demokratischen Werten im Einzelnen zu verstehen sei. Dies geht einher mit der Beobachtung, dass geltende Gesetze in manchen Politikfeldern als ungenügend verstanden werden oder die in einer besonderen Situation auch gebrochen werden können sollen, wenn damit den »demokratischen Werten« zu ihrer Gültigkeit verholfen werden kann. Die politische Problematik der im Jahr 2015 einsetzenden starken Migrationsbewegungen ist genau vor diesem Hintergrund zu verstehen: Hier standen und stehen sich bis heute die rechtliche Verfasstheit (Asylrecht, Dublin-Abkommen) und die wertorientierte Durchbrechung eines festgelegten rechtlichen (Asyl-)Systems (Humanität, Grenzen als unmenschliche Barrikaden) gegenüber und mach(t)en sich im politischen Alltag gegenseitig Konkurrenz.

Es ist hier nicht der Ort, in diesem konkreten Fall zu urteilen. Fest steht jedoch, dass diese Dichotomie (Zweiteilung), auch wenn sie offensichtlich Ausdruck einer postmodernen Gesellschaft ist, keineswegs ein neues Phänomen darstellt. Die christlich-theologische Verhältnisbestimmung zwischen Judentum und Christentum als Dichotomie von »Gesetz« und »Evangelium« beinhaltet genau diese Skepsis gegenüber einer gesetzlich verfassten Gesellschaft, als die das Judentum in der Zeit des jungen Christentums verstanden worden ist. Die Gesetzlichkeit der jüdischen Religion wurde im Verständnis des Christentums hinter sich gelassen und statt Geboten die »frohe Botschaft« Jesu verkündet, also Werte, die jenseits gesetzlicher Bestimmungen liegen. Besonders die paulinischen Briefe zeugen von dieser kritischen Haltung, aber auch die Evangelien nehmen die Perspektive ein, dass das »Gesetzesverständnis der Pharisäer« durch Jesu Wertorientierung durchbrochen werden muss. Dass diese Skepsis die ganze christliche abendländische Geschichte durchzieht (obwohl auch selbstverständlich die Christenheit genügend Gesetze und Regeln des Zusammenlebens hervorgebracht hat), zeigt sich nicht nur an der feindseligen Haltung des Christentums gegenüber dem Judentum bis in die neuere Zeit, sondern auch daran, dass Religion im Denken des christlichen Abendlandes ohnehin wenig auf der Grundlage von Recht verstanden worden ist. Religion wird viel eher als Ort der Begegnung des Menschen mit dem Absoluten, mit dem Heiligen oder mit dem Transzendenten begriffen. Religion ist eine Sache, die den Menschen ganz angeht, der ihn von Grund auf bestimmt. In der Religion geht es sozusagen ums Ganze. Da wird der Begriff »Recht« oder »Gesetz« sehr schnell als ein ungenügender Begriff zur Seite gelegt, vielleicht auch deshalb, weil ein »Gesetz« nach allgemeinem Verständnis – anders als Werte – den Menschen nicht ausfüllt, sondern einengt.

Wenn es im Folgenden also um Gebote und Regeln im Judentum geht, dann haben wir eine schwierige Ausgangssituation, da die Skepsis gegenüber Gesetzen und Regeln, schon gar in einer Religion, eine sehr alte Tradition hat und heute (wieder) das politische Leben bestimmt. Das trifft grundsätzlich auch das Judentum als einer Religion auf gesetzlicher Grundlage. Deshalb können wir von der Regelhaftigkeit des Judentums nicht reden, ohne auf die Bedeutung von Recht und Gesellschaft hinzuweisen und die Diskussion um Werte im Blick zu haben.

## Zehn Gebote oder doch eher 613?

Beginnen wir mit einem Witz: Mosche kommt vom Berg, die Tafeln unterm Arm, und verkündet dem Volk: Leute! Ich habe eine gute und eine schlechte Nachricht. Die gute ist: Ich habe IHN auf zehn Gebote herunterhandeln können. Die schlechte: Das Verbot des Ehebruchs konnte ich IHM nicht ausreden.

Zugegeben: Die Pointe ist etwas schwach und eher Sache für eine Altherrenrunde. Das eigentliche Problem dieses Witzes ist aber, dass er jüdisch überhaupt nicht aufgeht. Denn gerade im Judentum wird darauf insistiert, sehr viel mehr Ge- und Verbote sein eigen nennen zu dürfen als gerade mal die zehn, die in der großen Offenbarungsszene im Buch Exodus (2. Mose 20) in den Mittelpunkt gerückt werden.

Das Judentum hat ganz richtig festgestellt, dass die Tora, obwohl sie auch von der Geschichte des Volkes Gottes erzählt, im Wesentlichen ein sehr elaboriertes Gesetzeswerk ist, das sehr viele juristische Themen abdeckt. Werden heute die Zehn Gebote also oft als die ethische Quintessenz des Alten Testamentes verstanden, so beharrt das Judentum darauf, dass das, was am Berg Sinai von Gott an Mosche übergeben worden ist, nicht auf zehn einzelne Gebote reduziert werden kann. Das Judentum sieht darin die Gefahr, dass eine Gewichtung von Ge- und Verboten innerhalb der Tora sehr schnell zu Verkürzungen der Tora insgesamt führen kann und dadurch der Charakter der Tora als Gesetzeswerk unterminiert wird. Deshalb wird im Judentum auch davon gesprochen, dass Mosche am Berg Sinai *die Tora* von Gott empfangen habe. Aus diesem Grund haben die Zehn Gebote, oder wie es im Judentum besser heißt: das *Zehnwort*, keinen besonderen Eingang in den Gottesdienst erhalten, anders als viele andere Texte aus der Tora. Das zeigt deutlich, dass man im Judentum darauf bedacht war, diesen Textkomplex nicht zu sehr hervorzuheben. Dagegen haben einzelne Gelehrte des Judentums schon früh darauf hingewiesen, dass die Tora insgesamt 613 Ge- und Verbote (Mizwot) enthalte. Dies macht noch einmal deutlich, wie sehr es darum zu tun ist, die ganze Breite der Tora im Blick zu haben, und damit vor allem auch: die Mizwot, die Gebote. In diesem Sinn ist das Judentum in der Tat (was ihm oft vorgeworfen wird) eine »Gesetzesreligion«.

## Gesetz und Volk Israel

Gehen wir nun aber der Frage nach, warum dieses Beharren auf Gesetzen für das Judentum so wichtig, um nicht zu sagen: so essentiell ist.

Schauen wir uns hierzu die Adressaten der Gebote und Rechtssatzungen in der Tora an: Nicht nur im Zehnwort wird der einzelne Hörer beziehungsweise Leser angesprochen, sondern in vielen anderen Rechtssammlungen, wie zum Beispiel im fünften Buch der Tora, Deuteronomium. Es heißt häufig »du sollst«, »du sollst nicht«, oder auch »Ihr sollt«, »Ihr sollt nicht«, was ebenfalls einzelne Personen im Blick hat. Diese direkte Ansprache Einzelner (auch im Plural) ist allerdings kein Ausdruck eines fortgeschrittenen Individualismus. Wir müssen uns vor Augen halten, dass die Texte der Tora im Alten Orient entstanden sind, in dem der Staat noch nicht über ein elaboriertes Rechtssystem mit staatlichen Durchsetzungsorganen ausgestattet war und deshalb auf die Durchsetzungsmacht der Einzelnen angewiesen war.

Dies gilt umso mehr für Israel. Denn wir müssen beachten, dass viele der biblischen Texte in einer Situation entstanden sind, in der eigene staatliche und religiös-kultische Strukturen überhaupt nicht mehr vorhanden waren, weil sie von fremden Großmächten (Babylonier) zerschlagen worden waren und die Israeliten als eine Minderheit in fremden Ländern ihr Leben einrichten mussten (babylonisches Exil ab 586 v. Chr.). Dadurch wurde der Einzelne als Träger und Vollstrecker der Gesetze enorm wichtig. Das kann man am Beispiel für die Gesetzgebung zu Mord deutlich machen: Die Tora sieht hier keinen staatlichen Vollstrecker der Todesstrafe vor, vielmehr mussten Verwandte des Ermordeten selbst das Todesurteil am Täter vollstrecken. Damit der Täter bei falscher Beschuldigung (zum Beispiel nicht Mord, sondern fahrlässige Tötung) nicht selbst von den Hinterbliebenen unrechtmäßig getötet wurde, war die Einrichtung der sogenannten Asylstädte vorgesehen, in die sich der Beschuldigte flüchten konnte (5. Mose 19).

Aber diese Struktur, die bislang herausgearbeitet wurde, eröffnet eine sehr interessante Konstellation, die sich durch die ganze Tora durchzieht und später das Judentum bestimmen sollte: Die Israeliten waren zwar als Individuen angesprochen, aber nur insofern sie im Zusammenspiel mit allen anderen Einzelnen, die sich ebenfalls zu dieser Gruppe rechnen, verstanden. Es geht nicht um den Menschen an sich, sondern um Menschen, die sich im Rahmen einer Gruppe begreifen, die Individualität des Einzelnen also immer auch über den Einzelnen hinausverweist. Deshalb weist die Tora dem Einzelnen keine abstrakte Menschenwürde zu, sondern bringt dies – zum Beispiel im Zehnwort – dadurch zum Ausdruck, dass jeder Einzelne dem anderen diese Würde zuspricht, indem er sich unter anderem an das Verbot des Tötens, des Diebstahls, des Ehebruchs hält. Gesetze sollen nicht den einzelnen Menschen an sich zu einem gelungenen Leben verhelfen, sondern in erster Linie die soziale Dimension menschlichen Lebens sichern, um dadurch auch dem Einzelnen seine Entfaltungsmöglichkeiten zu gewährleisten. Modern gesprochen: Ohne die Zuerkennung der Freiheit an den anderen ist Freiheit überhaupt nicht möglich. Damit sich ein Mensch innerhalb eines Sozialgefüges entfalten kann, muss jeder Einzelne dieses Sozialgefüges dies auch den anderen gewähren. Damit hat jeder Einzelne die Verantwortung des Wohlergehens aller anderen Einzelnen inne und kann erst von daher damit rechnen, selbst durch die anderen zum Nutznießer dieser Rechtsgewährung zu werden.

## Das Volk Israel und Gott

Wie zu sehen ist, haben die Gesetze der Tora durchgehend eine soziale Funktion und sind von daher auf das »Volk Israel« insgesamt ausgerichtet, indem es alle Mitglieder dieses Volkes anspricht. Theologisch kommt hier der Gedanke zum Tragen, dass Gott nicht in erster Linie auf den Einzelnen zugeht, sondern Gott des Volkes Israel sein will und inmitten dieses Volkes, wie es im Buch Exodus (2. Mose) häufig heißt, (im Heiligtum) »wohnen möchte«. Die Anwesenheit Gottes macht es notwendig, dass sich die Israeliten als ein Ganzes verstehen, da nur dieses Ganze die theologische Bezugsgröße göttlichen Handelns darstellt. Dies ist auch der Grund dafür, dass die Tora, als das Gesetzeswerk des Volkes

Israel, auf Gott selbst zurückgeführt wird, indem sie als die Gabe Gottes an Mosche auf dem Berg Sinai für das Volk Israel übergeben wird.

Damit formuliert die Tora einen weiteren wichtigen Gedanken: Dass die Gesetze auf Gott selbst zurückgeführt werden, hat zum einen den legitimatorischen Charakter (göttliche Gesetze sind der Willkür des Menschen enthoben), zum anderen erhält die soziale Größe »Volk Israel« selbst eine Fundierung, die über das Zusammenleben vieler Einzelner hinausreicht: Indem die Gesetze der Tora geübt werden, wird es auch möglich, dass Gott »inmitten des Volkes« leben kann. Die Existenz des Volkes Israel gewinnt dadurch selbst einen Sinn und wird eine Bezugsgröße für die einzelnen Mitglieder dieses Volkes. Dem Zusammenleben in diesem Volk wird ein eigener »Wert« zugemessen, der über das eigene Wohlbefinden und die individuelle Entfaltung hinausgeht. Damit gibt es eine Konstellation, die das Beachten der Gesetze der Tora und die »Werthaftigkeit« der Einzelnen im Volk Israel aufeinander unmittelbar bezieht.

In dieser Hinsicht wird also im jüdischen Denken der Tora als Gesetzeswerk eine zentrale Rolle zuerkannt, die die Existenz des Volkes Israel überhaupt erst ermöglicht und jeden Einzelnen des Volkes Israel in die Geschichte dieses Volkes eingliedert. Insofern ist es nur konsequent, dass vor allem das Buch Deuteronomium (5. Buch Mose) das Leben des Volkes im verheißenen Land von der Einhaltung der Gebote abhängig macht. Etwas pathetisch formuliert: *Durch die Einhaltung der Gesetze konstituiert jeder Einzelne das Volk Israel und ermöglicht dessen Existenz über die Gegenwart hinaus und eröffnet dadurch dessen Zukunft.*

## Die Gebote der Tora

Weil »Gesetz« und »Recht« in diesem Sinn aber nicht nur eine pragmatische Lösung für soziale Probleme darstellt, sondern sehr viel grundsätzlicher verstanden wird und einen theologischen Rückbezug hat, wird nun auch deutlich, weshalb die Tora so viele verschiedene Gebote kennt und vor allem weshalb die Tora keinen Unterschied zwischen sozialen und im eigentlichen Sinn religiösen Geboten macht. Die Gebote der Tora reichen von familienrechtlichen Regelungen (Inzestverbot, Regelung zur Ehe) über soziale Vorschriften (Schabbatjahr, Witwen-, Waisen- und Fremdenrechte, landwirtschaftliche Regelungen) bis hin zu rein kultisch verstandenen Gesetzen, die das Heiligtum und die darin agierenden Priester betreffen. Dieser Facettenreichtum der Tora ist mithin also darin begründet, dass sie zum einen ein Sozialgefüge (Volk) im Blick hat, zum anderen gerade dieses Sozialgefüge als Grundmoment religiöser Wertigkeit betrachtet.

Auch vor diesem Hintergrund wird noch einmal deutlich, weshalb die Tora nicht auf einen Kern von einer Gruppe von Vorschriften oder Geboten reduziert werden kann, da dadurch die religiöse Verfasstheit eines ganzen Sozialgefüges aus dem Blickfeld verschwinden würde.

Es wurde bislang ziemlich idealistisch von der Tora und ihrer Bedeutung gesprochen, weil es mir zunächst wichtig war, tatsächlich die »Idee« der Tora zu verstehen. Wie sieht es aber aus, wenn danach gefragt wird, wie das Judentum mit der Tora umgeht?

## Das Judentum und die Tora

Hierzu muss ich einige wichtige Bemerkungen machen: Das Judentum und die israelitische Religion, wie sie in der Bibel erkennbar wird, sind nicht identisch. Denn gerade die Tora setzt ganz klar ein Heiligtum (Tempel) mit einem elaborierten Kult mit Tieropfern, die von Priestern zubereitet wurden, voraus. Der (historische) Tempel wurde zunächst durch die Babylonier im Jahr 586 v. Chr. zerstört, später wiederaufgebaut und im Jahr 70 n. Chr. von den Römern endgültig zerstört (heute steht an der Stelle des Tempels der muslimische Felsendom in Jerusalem).

Dies änderte natürlich alles: Denn auf einmal war das religiöse Zentrum weggebrochen, selbst die letzte staatliche Stütze wurde von den Römern vernichtet. In dieser Zeit machte sich die sehr alte Erfahrung mit »Exil« bemerkbar. Denn es gab schon einmal eine Zeit, in der man ohne Tempel auskommen musste, und bereits damals organisierte man sich religiös auf eine Weise, die den Tempel nicht mehr unbedingt nötig machte. Nun stand nicht mehr ein Heiliger Bau mit seinem Opferdienst im Mittelpunkt, sondern ein Heiliges Buch (zunächst die Tora, dann weitere Bücher der heutigen Bibel), in dem genau von diesem Heiligtum, von Priestern und Opfern berichtet wird. Die Gesetze der Tora wurden vor diesem Hintergrund noch einmal wichtiger, da sie nun das Einzige waren, was den Juden, die sich in Gemeinden in unterschiedlichsten Ländern versammelt hatten, als gemeinsames »Kulturgut« übrigblieb.

Im Judentum konzentrierte man sich nun auf die Gebote der Tora und grundsätzlich auch auf die Tora als Heilige Schrift. Allerdings brachte die neue

Zeit mit sich, dass viele Vorschriften, die etwa den Tempel oder die Landwirtschaft betrafen, keine Gültigkeit mehr hatten. Dafür fanden die Rabbinen, die für diesen Prozess verantwortlich waren, nun Vorschriften, die vielleicht in der Tora noch keine übergeordnete Rolle spielten, aber nun bedeutend werden sollten, da sie von jedem Einzelnen auch ohne Heiligtum ausgeübt werden konnten (zum Beispiel Schabbatgebot oder Speisegesetze). Man hielt also an dem Prinzip fest, dass das Volk Israel, das ideell weiter bestand, durch Gebote, Mizwot, zusammengehalten wurde. Dies war den Rabbinen dadurch gelungen, dass sie auf der einen Seite die unbedingte Geltung der Tora als Gesetzeswerk vertraten, gleichzeitig aber – aufgrund der völlig veränderten historischen Situation – einen diskursiven Umgang mit den Mizwot der Tora ermöglichten. Die Rabbinen differenzierten nun in »schriftliche Tora« und in »mündliche Tora« (Auslegung der Tora unter anderem in Mischna und Talmud).

Dieser neue Umgang mit der Tora ermöglichte eine Existenz des jüdischen Volkes durch die Jahrhunderte. Denn dieses Volk hatte nun nichts mehr, was es äußerlich zusammenhalten würde: Kein Land und kein Zentralheiligtum. Hebräisch wurde als liturgische Sprache beibehalten und die gesamte »religiöse« Literatur in hebräischer Sprache verfasst, auch wenn sich die Juden sprachlich an die Umgebungsvölker, unter denen sie lebten, anpassten. Was vorher als »Idee« der Tora herausgearbeitet wurde, dass das Einhalten der Mizwot das Volk als eine religiöse Größe konstituiert, wurde nun zu einer Realität, die das Überleben des jüdischen Volkes als Volk Israel gewährleistete.

Die Geschichte des Judentums in Europa machte auch eine andere Veränderung notwendig: Waren im Mittelalter die jüdischen Gemeinden noch weitgehend autonom, was auch eine eigene Rechtsausübung einschloss, so wurde diese autonome Rechtskompetenz in der Neuzeit durch den nun erstarkenden Staat zusehends eingeschränkt. Dadurch blieb auch den jüdischen Gemeinden zunehmend nur noch eine Rechtskompetenz, die sich auf religiöse Belange im engeren Sinn beschränkte, was der in der Tora vorausgesetzten allumfänglichen Rechtsauffassung eigentlich widersprach.

Diese Entwicklung blieb aber nicht ohne Folgen für das Judentum selbst. Denn gerade der moderne Staat war auch eine religiöse Herausforderung. Viele Juden wollten – vor allem mit Blick darauf, auch als Bürger im Staat anerkannt zu werden – die Vorstellung nicht mehr teilen, ein eigenes Volk zu sein, das sich mit den religiösen Vorschriften von der umgebenden Bevölkerung absondert. Im 19. Jahrhundert begann damit die Diskussion darüber, sich nicht mehr als Volk zu verstehen, sondern als eine Konfession, der es um den Gottesglauben und nicht so sehr um das Ausüben von Gesetzen ging, um sich damit auch den christlichen Konfessionen anzugleichen. Dem hielten konservativer geprägte Kreise entgegen, dass man den Kern der Tora nicht aufgeben könne, weshalb auch der Charakter des Judentums als »Volk« aufrechterhalten werden müsse. Aus diesen Grundüberlegungen entwickelten sich im Judentum die bis heute bestimmenden religiösen Strömungen: liberales, konservatives und orthodox-traditionelles Judentum, die sich genau im Umgang mit den Mizwot, den Vorschriften, unterscheiden.

## Gesetz und Religion

Ich habe zu Beginn darauf hingewiesen, dass Religion im christlichen Abendland kaum je mit »Gesetz« verbunden wird, dass es vielmehr eine durchgehende Skepsis gegenüber Gesetzen oder Vorschriften gibt. Das Judentum geht hier in seinem Selbstverständnis und in seiner Geschichte weitgehend einen anderen Weg und weist darauf hin, dass Gebote die religiöse Wertigkeit selbst mitbedingen und nicht gegeneinander ausgespielt werden dürfen. Dass auch das Judentum einige Federn lassen musste, um dieser Bezogenheit weiterhin Gültigkeit zu verschaffen, wurde bereits dargestellt.

Dieser jüdische Einwand hilft in der Diskussion um Gesetze und Werte in einer postmodernen Gesellschaft allerdings nicht unmittelbar weiter, da diese gegenseitige Bezogenheit von Gesetzen und Werten eben nur in einer begrenzten »Wertegemeinschaft« (Religionsgemeinschaft) realisierbar ist. Eine moderne Gesellschaft ist aber eine plurale Gesellschaft, die Platz für viele »Wertegemeinschaften« haben muss. Will man eine moderne Gesellschaft also als eine Wertegemeinschaft begründen, so müsste notwendig die Pluralität dieser Gesellschaft aufgegeben werden. Insofern zeigt der Umgang des Judentums mit »Gesetzen« und »Werten« sehr deutlich auf, dass gerade ein Verständnis von Religion als einer »Gesetzesreligion« der Pluralität einer säkularen Gesellschaft auf die Sprünge helfen kann, wo vorschnell über eine säkulare Wertedebatte einer Einheitsgesellschaft Vorschub geleistet wird.

Helgard Jamal | Hans Joachim Schliep

# Gebote und Regeln im Christentum

## Gottes Schöpfung und die Zehn Gebote

In den fünf biblischen Büchern, die nach Mose benannt sind, kommen die Zehn Gebote[1] an zwei Stellen vor: 5. Mose 5,6–21 und 2. Mose 20,2–17. Die Gabe der Zehn Gebote in der Mose-Geschichte gehört zu Gottes Schöpfung. Die Gebote sind Gottes Geschenk an die Menschen, damit das Leben gut gelingen kann.

Die Schöpfung ist für die Menschen stets Gabe *und* Aufgabe zugleich. Gottes Schöpfung ist nicht etwas, das der Vergangenheit angehört, sondern Energie, Dynamik, eine wirkende kreative Kraft, die allem zu Grunde liegt. Sie wirkt in einem umfassenden Beziehungsnetz, sodass aus Chaos Kosmos wird, aus Ungeordnetem Ordnung, aus Getöse wunderbare Töne in der Musik, aus Buchstabengewirr entzifferbare Worte, aus Farbengemisch ein erkennbares Bild – immer ist Anfang. Gottes Schöpfung ist Entstehung pur, die dem Menschen als das Anfangen in allen Dingen begegnet, eben als ihr Grund und ihre Kraft. Deshalb ist Schöpfung nichts Vorzeitlich-Einmaliges, sondern ereignet sich fortwirkend und fortwährend.

Welt und Leben sind dem Menschen gratis gegeben und durch die Gabe der Zehn Gebote wird das Leben erst *richtig* geschaffen. Denn das Leben des Menschen braucht eine Richtung, eine Lebensspur, die immer wieder in neue Lebensräume führt. Das wird in 2. Mose 20,2–17 betont, wo die Zehn Gebote der Auftakt einer großen Rechtssammlung sind. Der Weg in neue Lebensräume ist besonders dann nötig, wenn Menschen in Unfreiheit geraten sind und Unrecht erleiden: Versklavt, unterdrückt, ausgebeutet wie die Israeliten in Ägypten. Doch Gott führt sein Volk in die Freiheit: »Let my people go!«, in ein Land mit neuen Lebensräumen. Neue Lebensräume eröffnen sich vor allem durch Begegnung: Wenn ein Leben dem anderen Leben begegnet. Diese Begegnungen brauchen eine Orientierung, so dass Freiheit in Verantwortung wirklich gelebt werden kann. Dazu sind die Zehn Gebote Gottes eine Freundschaftsgabe an die Israeliten, an die Menschen überhaupt. In der Bibel, im Ersten Testament, ist in 2. Mose 20,2–17 zu lesen:

1 Im Judentum wird es Zehnwort genannt; griechisch heißt es Dekalog.

*Ich bin der HERR, dein Gott, der ich dich aus Ägyptenland, aus der Knechtschaft, geführt habe. Du sollst keine anderen Götter haben neben mir.*

*Du sollst dir kein Bildnis noch irgendein Gleichnis machen, weder von dem, was oben im Himmel, noch von dem, das unten auf Erden, noch von dem, was im Wasser unter der Erde ist: Bete sie nicht an und diene ihnen nicht! Denn ich, der HERR, dein Gott, bin ein eifernder Gott, der die Missetat der Väter heimsucht bis ins dritte und vierte Glied an den Kindern derer, die mich hassen, aber Barmherzigkeit erweist an vielen Tausenden, die mich lieben und meine Gebote halten.*

*Du sollst den Namen des HERRN, deines Gottes, nicht missbrauchen; denn der HERR wird den nicht ungestraft lassen, der seinen Namen missbraucht.*

*Gedenke des Sabbattages, dass du ihn heiligst. Sechs Tage sollst du arbeiten und alle deine Werke tun, aber am siebenten Tage ist der Sabbat des Herrn, deines Gottes; da sollst du keine Arbeit tun, auch nicht dein Sohn, deine Tochter, dein Knecht, deine Magd, dein Vieh, auch nicht dein Fremdling, der in deiner Stadt lebt. Denn in sechs Tagen hat der HERR Himmel und Erde gemacht und das Meer und alles, was darinnen ist, und ruhte am siebenten Tage. Darum segnete der HERR den Sabbattag und heiligte ihn.*

*Du sollst deinen Vater und deine Mutter ehren, auf dass du lange lebest in dem Lande, das dir der HERR, dein Gott, geben wird.*

*Du sollst nicht töten.*

*Du sollst nicht ehebrechen.*

*Du sollst nicht stehlen.*

*Du sollst nicht falsch Zeugnis reden wider deinen Nächsten.*

*Du sollst nicht begehren deines Nächsten Haus. Du sollst nicht begehren deines Nächsten Frau, Knecht, Magd, Rind, Esel noch alles, was dein Nächster hat.*[2]

2 Die Bibeltexte werden in der Übersetzung nach Martin Luther, revidiert 2017, zitiert.

Diese Zehn Gebote als Geschenk des Schöpfers an die Menschen lauten in einfachen Worten:

1 Ich bin dein Gott: ›Ich-bin-da‹. Ich habe dich aus der Sklaverei befreit.
2 Glaube nur an einen Gott und diene keinen anderen Göttern.
3 Halte den Namen Gottes in Ehren.
4 Arbeite sechs Tage, aber ruhe aus am siebten Tag.
5 Gehe achtsam um mit deinen Eltern.
6 Morde nicht.
7 Brich nicht die Ehe.
8 Stehle nicht.
9 Rede nichts Falsches über andere Menschen.
10 Sei nicht neidisch.

## Freiheit und Gewissen

In den Zehn Geboten öffnet sich Gottes Leben in den Lebensalltag des Menschen hinein. Gottes Name ICH-BIN-DA gilt dem Menschen. Dieser Name bedeutet auch: ICH-BIN-DA-FÜR-DICH. Gott gibt mit den Zehn Geboten eine Richtschnur und Leitplanke für das Leben des Menschen in Freiheit. Denn Freiheit muss gestaltet werden, da sie unzählige Möglichkeiten bietet, sodass Menschen sich verirren, anderen und sich selbst schaden können. Die Zehn Gebote sind deshalb *kein* bloßes Nicht-Sollen oder gar Nicht-Dürfen. Vielmehr öffnen sie auf ein Leben hin, das Menschen in gutem Sinn miteinander teilen, damit das Leben des einen Menschen zur *Lebenshilfe* für einen anderen Menschen wird. Genau betrachtet sind die Zehn Gebote damit ein Win-Win-Spiel, ein Spiel, das nur Gewinner kennt. Es gewinnen alle, wenn zum Beispiel Arbeit, Nahrung und Bildung gerecht verteilt werden. Wenn die Schwächeren, alte oder behinderte Menschen oder Kinder, unterstützt und gestützt werden. Wenn jeder Mensch, statt sich selbst und die Natur hemmungslos »auszupowern«, einen Tag in der Woche zur Ruhe kommt und Familien und Freunde zusammenkommen können. Es ist für alles Geschaffene heilsam, wenn der Name Gottes in Gebet und Gotteslob heiliggehalten und damit die Religionen geachtet werden. Die Menschen- und Freiheitsrechte beginnen damit, dass der persönliche Glaube jedes Menschen geschützt wird.

Die Zehn Gebote setzen auf das Gelingen des Lebensalltags. Das ICH Gottes des ICH-BIN-DA an das DU des Menschen ist ein Liebes- und Lebensangebot, das das Leben zum Tanzen bringt. Wenn der Mensch sich von dem Geschenk der Zehn Gebote berühren, begaben, beschenken lässt mit dem Guten, aus dem die Gebote kommen und in das sie führen, wird er fähig, das Leben selbstständig zu gestalten und zu verantworten. Weil es zählt, was der Mensch tut und unterlässt, was er verspielt oder gewissenstreu verändert, sind die Zehn Gebote für Christinnen und Christen eine Navigationsausrichtung, ein Lebenskompass.

Menschen können den Zehn Geboten zuwiderhandeln und schuldig werden, ebenso sind Menschen fähig zur Freiheit *und* zur Verantwortung. Vor diesem Horizont wird jedes einzelne Gebot zum *Gebet*: Gott möge im Segen das richtige Tun wirksam werden lassen. In den Zehn Geboten steckt der göttliche Wille zum Leben, die Gebote weiten den Blick ins Leben Gottes hinein, das immer neues, gelingendes Leben will. Christsein zeigt sich in Freiheitsorientierung *und* Gewissensgebundenheit. Die Zehn Gebote eröffnen einen weiten Horizont, sie enthalten wie der Kern in der Frucht die Zukunft von Leben überhaupt. Wie ein Keim in der Erde bricht aus den Geboten die Zukunft gelingenden Lebens auf. Statt mit »Du sollst… / …nicht« können sie auch so übersetzt werden: »Du wirst… / …nicht«. Dann sind die Gebote zehn Verheißungen, zehn große Freiheiten, zehn gute Möglichkeiten.

## Hoffnung und Verantwortung

In den Zehn Geboten verschwistern sich das »Prinzip Hoffnung« (Ernst Bloch) und das »Prinzip Verantwortung« (Hans Jonas).

In Blochs expressiven Sprachbildern spiegelt sich die Szenerie am Berg Sinai. Das verheißene Land liegt noch in der Ferne, aber Gottes Lebensangebot weist schon in das Land der Freiheit, auf ein Land, wo noch niemand war: »Das Morgen im Heute lebt, es wird immer nach ihm gefragt. Die Gesichter, die sich in utopische Richtung wandten, waren zwar zu jeder Zeit verschieden…ja, in ihrem noch verdeckten Ziel die gleiche (Richtung); sie erscheint als das einzig Unveränderliche in der Geschichte. Glück, Freiheit, Nicht-Entfremdung, Goldenes Zeitalter, Land, wo Milch und Honig fließt, das Ewig-Weibliche, Trompetensignal im Fidelio und das Christförmige des Auferstehungstages…«.[3] Ein

3 www.fr.de ›Kultur, Ernst Bloch: Mühe, Dunkel, krachendes Eis, 04.08.2017 (abgerufen 29.12.18).

»Prinzip Hoffnung«, das zu allen Zeiten im Dunkel das Licht ahnt. Die Zehn Gebote zeigen: Es gibt Hoffnung auf ein anderes, besseres Leben, ein Leben in gegenseitiger Anerkennung, in Frieden und in Gerechtigkeit.

Der Philosoph Hans Jonas beklagt die »Abschaffung der Transzendenz« in der säkularen Gesellschaft. Gott wird ignoriert. Das beschreibt Jonas als »den vielleicht kolossalsten Irrtum der Geschichte«, der »schreit nach Aufhebung«. Für *alle* Menschen hat Jonas deshalb eine Ethik entwickelt, demzufolge der Mensch seine Macht über alles Lebendige, mit der er mittels seiner Hochtechnologie nahezu hemmungslos herrscht, freiwillig zügeln soll. Ziel dieses »Prinzips Verantwortung« ist es, dass der Mensch trotz seiner »Gefräßigkeit«, trotz einer »Revolution der steigenden Erwartungen« und entgegen einer »Denaturierung« in der Perspektive einer vorgedachten Zukunft als »Gärtner der göttlichen Schöpfung« wirkt. Dazu gehört für Jonas eine Zurückhaltung, die um der »Permanenz menschlichen Lebens« willen sich abkehrt von einer ungehemmten und grenzenlosen Naturnutzung, die die Regeln der Nachhaltigkeit missachtet: Auf einer Erde, so wie sie *heute* ist, lässt sich leben, doch müssen Hans Jonas zufolge die *Behutsamkeit* und die *Vorsicht* zum Kern des Handelns werden, um die Lebensmöglichkeiten der Menschheit zu erhalten.[4]

Im Glauben an Gott den Schöpfer, Befreier und Verkünder der Zehn Gebote verschränken sich *Hoffnung* und *Verantwortung* als Gabe und Aufgabe im Christsein.

## Gebote und Befreiung

Die Zehn Gebote bringen die Welt nicht *aus* den Fugen, sondern *in* die Fugen. Der Mensch kann in die richtige Spur einrasten, Fahrt aufnehmen zur Gerechtigkeit, zum Frieden, zur Bewahrung der Schöpfung, zum Leben selbst hin.

Mirjams Lied und der Tanz der Frauen in der Mose-Geschichte ist ein Befreiungslied, 2. Mose 15,20–21:

*Da nahm Mirjam, die Prophetin, Aarons Schwester, eine Pauke in ihre Hand, und alle Frauen folgten ihr nach mit Pauken im Reigen. Und Mirjam sang ihnen vor: Lasst uns dem HERRN singen, denn er ist hoch erhaben; Ross und Reiter hat er ins Meer gestürzt.*

4 Vgl. Helgard Jamal, Jonas' Prinzip Verantwortung – Vorstellung eines ethischen Entwurfs, in: Helgard Jamal, Die Bedeutung des interreligiösen Lernens für Erziehung und Bildung, Hamburg 1996, S. 19–31.

Es ist ein erster Schritt in die schwierige Freiheit. Der Durchzug durchs Meer ist gelungen. Nun muss die Befreiung vom Sklavendienst gelebt werden. *Heute* muss der Mensch von seinem Hochmut, alles sei sein Eigentum, er könne die Natur und andere Menschen beherrschen, loskommen. Ebenso von dem Gedanken: Der Mensch sei erst dann frei, wenn er Gott für ohnmächtig halte. Das Gegenteil ist der Fall. Weil Gott heilig ist, ist auch *Gottes Ebenbild* heilig und voller Würde. Gottes Lebensangebot in den Zehn Geboten macht würdig, frei und lebendig; so kann Mirjams Lied kräftig klingen und weit erschallen.

Im Horizont der Freilassung aus Ägypten und der Freiheit, zu der Christus befreit (Galater 5,1),[5] lassen sich die Zehn Gebote neu formulieren:[6]

1 Du bist frei, dich von eigenen Allmachts-Ansprüchen zu verabschieden und Gott zu vertrauen.
2 Du bist frei, Gott und Gottes Ebenbild, jeden Menschen, in seiner Unverwechselbarkeit zu lieben.
3 Du bist frei, in selbstständiger Verantwortung vor Gott zu handeln, ohne Gottes Namen zur Rechtfertigung deines gelingenden oder misslingenden Handelns zu missbrauchen.
4 Du bist frei, zu Gott zu beten, dir für Gott, andere und dich selbst Zeit zu nehmen und dich am Leben zu erfreuen.
5 Du bist frei, deine Eltern zu verstehen und ihnen zu helfen, wenn sie dich im Alter besonders brauchen.
6 Du bist frei, dein Leben und das Leben der anderen Menschen zu achten und vor Gewalt zu schützen.
7 Du bist frei, dein Leben mit einem anderen Menschen fair, verbindlich und in Treue zu teilen.
8 Du bist frei, um für deine Lebensgrundlagen zu sorgen und sie für alle Menschen zu erhalten, auch für die kommenden Generationen.
9 Du bist frei, mit Ehrlichkeit bei der Liebe zu bleiben und Böses zum Guten zu wenden.

---

5 *Zur Freiheit hat uns Christus befreit! So steht nun fest und lasst euch nicht wieder das Joch der Knechtschaft auflegen!* (Galater 5,1).

6 Das Folgende ist selbstverständlich nur ein Beispiel, das zu eigenen Formulierungsversuchen anregen kann.

10 Du bist frei, das Gute in deinem Leben zu sehen, ohne das Leben der anderen zu bewerten oder es ihnen zu missgönnen.

Die Zehn Gebote sind also keine autoritäre Morallehre, sondern ein Lebensangebot. Der Prophet Jeremia spricht nicht von außen erzwungener Wahrheit, sondern von einer Schrift im Inneren des Menschseins. Der Inhalt der Gottesworte entspricht keiner Vor-Schrift, sondern einer In-Schrift des Herzens:

*(So) spricht der HERR: ›Ich will mein Gesetz in ihr Herz geben und in ihren Sinn schreiben, und sie sollen mein Volk sein, und ich will ihr Gott sein‹* (Jeremia 31,33b).

Diese Herzensangelegenheit wird für Christinnen und Christen im Neuen Testament von Jesus aktualisiert.

## Jesus und die Gebote

Die Zehn Gebote werden von Jesus zusammengefasst. Im Neuen Testament der Bibel steht in Markus 12,28–31:

*Und es trat zu ihm (zu Jesus) einer der Schriftgelehrten, der ihnen zugehört hatte, wie sie miteinander stritten. Als er sah, dass er (Jesus) ihnen fein geantwortet hatte, fragte er ihn: Welches ist das höchste Gebot vor allen? Jesus antwortete: ››Das höchste Gebot ist das: Höre Israel, der Herr, unser Gott, ist der Herr allein und du sollst den Herrn, deinen Gott, lieben von ganzem Herzen, von ganzer Seele, von ganzem Gemüt und mit all deiner Kraft.‹ Das andere ist dies: Du sollst deinen Nächsten lieben wie dich selbst. Es ist kein anderes Gebot größer als diese.‹*

Jesus antwortet hier dem Schriftgelehrten ohne Zögern. Er zitiert aus dem 5. Buch Mose 6,4+5 das ›Sch'ma Jisrael‹:[7]

*Höre Israel, der Herr, unser Gott, ist allein der Herr und du sollst den Herrn, deinen Gott, lieben von ganzem Herzen, von ganzer Seele, von ganzem Gemüt und mit all deiner Kraft.*

Damit bekennt sich Jesus bewusst und mit allem Ernst als Jude. Dementsprechend zitiert er nochmals aus dem 3. Buch Mose 19,18b:

*Du sollst deinen Nächsten lieben wie dich selbst.*

Kein anderes Gebot, darin sind sich Jesus und der Schriftgelehrte einig, ist größer als diese beiden, die Gottesliebe und die Nächstenliebe sowie die Selbstliebe. Diese Art Selbstliebe hat weder mit Egoismus noch gar mit Egozentrik

7 Das ›Sch'ma Jisrael‹ ist das wichtigste jüdische Gebet.

zu tun, sondern damit, dass der Mensch, weil er sich von Gott angenommen weiß, sich mit den eigenen Talenten und Begabungen annimmt und gut für sich sorgt, um auch andere annehmen und gut für sie sorgen zu können.

Heute wird manches Mal die Nächstenliebe betont, dagegen die Gottesliebe als etwas Unverständliches und Unnötiges abgelehnt. Menschen können oder wollen keine Transzendenz zulassen. Denn was ist das für ein Gott, der verschwiegen wird und der in unserer Zeit auch selbst zu schweigen scheint? Kann der Mensch Gott lieben, von dem er nur Schweigen zu vernehmen mag? Umso erstaunlicher ist es, dass Menschen in diesem Schweigen Gottes einen Ruf hören, der sie auffordert und einlädt, sich Gott auch in ihren Zweifeln, ihrer Verzweiflung, mit ihren Klagen und angesichts ihrer Schuld zuzuwenden, betend in die Tiefe des eigenen Herzens zu blicken und bei Gottes Herz »anzuklopfen«. Gottesliebe zeigt sich im Gebet und im Lesen und Erzählen der biblischen Worte. Die Worte und die Liebe Gottes verheißen Trost im Leben und im Tod. Das ist die *frohe Botschaft*.

Gottesliebe ist umfassender als Nächstenliebe. Denn Menschenliebe ist immer brüchig und unvollständig, sie ist auf störanfällige Gegenseitigkeit aus und gerät schnell aus der Balance. Gott aber liebt die Menschen, auch wenn ihr Verhalten alles andere als liebenswert ist. Der Liebe Gottes dennoch wert zu sein – das macht liebenswert, ohne eigenes Verdienst, aus Gnade, gleichsam »umsonst«.

Nächstenliebe kann nicht in Gottesliebe aufgehen. Denn dann geht der konkrete Blick für die Mitmenschen, die Kraft zum Widerstand gegen Ungerechtigkeit verloren. Die Anerkennung anderer Menschen wird zum unumgänglichen Gebot, wenn sie ohne Ausnahme als Gottes Ebenbilder erkannt werden. Darum braucht die Nächstenliebe die Gottesliebe. Der Horizont öffnet sich zu Gott hin, wenn die Augen eines Menschen einen anderen Menschen ansehen. Darum gehört zur Gottesliebe die Nächstenliebe. Beide sind somit keineswegs dasselbe, doch im Sinne Jesu bilden sie ein verbundenes Gegenüber. Gott will nicht geliebt werden, ohne dass der Mensch den Menschen liebt. Wo dem Nächsten Liebe verweigert wird, wird sie auch Gott verweigert. Doch wo Gott geliebt wird, wird auch der Nächste geliebt – und wo der Nächste geliebt wird, erneuert sich die Liebe zu Gott.

## Die Goldene Regel

Mit der Goldenen Regel: »Behandle den anderen so, wie du behandelt werden willst«, die in allen Religionen gilt, wird das Gebot der Nächstenliebe zusammengefasst. Jeder kennt das Sprichwort: »Was du nicht willst, das man dir tu', das füg' auch keinem anderen zu!« Der Evangelist Matthäus formuliert es positiv:

*Alles nun, was ihr wollt, dass euch die Leute tun sollen, das tut ihr ihnen auch! Das ist das Gesetz und die Propheten* (Matthäus 7,12).

Hier weitet sich der Raum für menschengerechtes Handeln. Die eben genannte volksmundartige Formulierung enthält nur eine Vermeidungsstrategie: Wenn der andere mir nichts Böses tut, werde ich ihm auch nicht Böses tun! Das allein hilft schon dem Zusammenleben. Doch Jesus setzt auf die Kreativität und Produktivität der Liebe: Was *du* willst, das tue du ihnen. Die jesuanische Fassung ist weitaus fruchtbringender. Sie fragt nach dem Guten, das sich ein Mensch wünscht und selbst bewirken kann. Und im Tun des Guten und Rechten dient er den anderen Menschen und sich selbst. Die Goldene Regel in Jesu Worten bei Matthäus sagt also, dass der Mensch mit diesem Guten bei dem Anderen beginnen soll.

## Die Feindesliebe

In der Bergpredigt will Jesus Menschen motivieren, ausdrücklich auch die Feinde in die Nächstenliebe einzubeziehen:

*Liebt eure Feinde und bittet für die, die euch verfolgen, auf dass ihr Kinder seid eures Vaters im Himmel. Denn er lässt seine Sonne aufgehen über Böse und Gute und lässt regnen über Gerechte und Ungerechte. Denn wenn ihr liebt, die euch lieben, was werdet ihr für Lohn haben? Tun nicht dasselbe auch die Zöllner? Und wenn ihr nur zu euren Brüdern freundlich seid, was tut ihr Besonderes? Tun nicht dasselbe auch die Heiden? Darum sollt ihr vollkommen sein, wie euer himmlischer Vater vollkommen ist* (Matthäus 5,44–48).

In diesen Worten ist der Traum von einer anderen, einer friedlicheren Welt wach. Jesus rückt uns die Welt vor Augen, die Gott für den Menschen will. Eine Vision gegen Krieg und Elend, Hass und Ungerechtigkeit. Diese prophetischen Worte Jesu wollen einstimmen auf eine Welt, in der Feinde zu Freunden werden. Weil statt des Feindes, der Gottes Geschöpf ist wie ich, die Feindschaft abgeschafft wird, auch die in mir selbst. Jesu Worte stimmen ein auf das *Reich Gottes*, er meint, dass die Erde den *Sanftmütigen* gehört:

*Selig sind die Sanftmütigen; denn sie werden das Erdreich besitzen* (Matthäus 5,5).

*Sanftmütige* sind keine Schwächlinge, sondern die wirklich starken Menschen, die ohne Waffen agieren, die auf Gewalt verzichten.[8] Nur sie können den Grund für Frieden legen.

Jesus Christus hat die Gottesliebe in sich aufgenommen. Er hat in seinem Leben machtvoll, aber gewaltfrei gezeigt, wie Menschenliebe daraus wächst, unverwechselbar, beispielgebend, überzeugend, ohne an seinem eigenen Leben festzuhalten: Gottes Gravur im Herzen eines Menschen. Weil Jesus Gottes Lebensleitung *an* sich und *in* sich hat wirken lassen, sind seine Worte und sein Leben Maßstab für das, was allein »christlich« genannt werden darf, ein Wegweiser auf dem Weg des Friedens und der Gerechtigkeit und zu versöhnter Verschiedenheit. Mit seiner ganz persönlichen Beziehung *zu* und Bindung *an* Gott offenbart Jesus, wie Gott ist und Leben will, wie Menschen Freiheit in Verantwortung leben können. Er hat den Sinn der Gebote verinnerlicht: die Gottesliebe und die Nächstenliebe. Christen streben danach, in der Nachfolge Jesu zu leben, indem sie den Geboten zu entsprechen versuchen.

## Literatur:

Helgard Jamal, Die Bedeutung des interreligiösen Lernens für Erziehung und Bildung, Hamburg 1996.

Hans Joachim Schliep, Ein unglaublicher Glaube – Kronsberger Predigten 3, Saarbrücken 2014.

Hans Joachim Schliep, Mehr als meine Augen sehen – Kronsberger Predigten 2, Saarbrücken 2013.

www.theologie.uzh.ch›predigt Predigt zu 2. Mose 20,1–17, verfasst von Hans Joachim Schliep (abgerufen 15.06.2018).

8 Vgl. zum Beispiel das Leben von Mahatma Gandhi oder von Martin Luther King.

Hamideh Mohagheghi

# Gebote und Regeln im Islam

## Die Zehn Gebote im Koran

Der Qurān versteht sich als Bestätigung der vorangegangenen Offenbarungen der Heiligen Schriften Tora und Bibel, wie es in Sure 3,84 heißt:

*Wir glauben an Gott und an das, was an uns herabgesandt worden ist, und was herabgesandt worden ist auf Abraham, Ismail, Isaak und Jakob und die Stämme Israels, und was gegeben worden ist Moses und Jesus und den Propheten von ihrem Schöpfer und Erhalter; wir machen keinen Unterschied zwischen ihnen und Gott sind wir ergeben.*

Der Prophet Muhammad führt den Weg der Propheten, die vor ihm von Gott auserwählt waren, weiter. Die Kette der Propheten beginnt in der islamischen Tradition mit Adam und endet mit Muhammad, sie alle vermittelten verbindliche Glaubensgrundsätze und ethische Haltungen, die in allen Religionen zu finden sind. Auch Mose und Jesus sind im Islam große Propheten. Die Gesetze und Ausformungen änderten sich im Kontext der Offenbarungszeit und entsprechend der Denk- und Lebenswelt der Menschen.

Das Zehnwort der Juden in der Tora, auch als die Zehn Gebote der Christen im Ersten Testament der Bibel zu lesen, sind als Grundlage des Handelns im Qurān an zwei Stellen, in den Suren 6,151–152 und 17,22–37, modifiziert aufgenommen. In Sure 17,22–37 ist zu lesen:

*Setze neben Gott keine andere Gottheit! Du sitzt sonst da, getadelt und verlassen.*

*Beschlossen hat dein Schöpfer und Erhalter, dass ihr ihm allein dienen sollt und dass ihr eure Eltern gut behandelt. Wenn sie alt geworden sind, gleichviel ob einer oder beide, so sag nicht ›Pfui!‹ zu ihnen und fahre sie nicht an! Gebrauche ihnen gegenüber nur edle Worte. Und senke über sie herab die Fittiche der Demut aus Erbarmen, und sprich: Mein Schöpfer und Erhalter! Erbarme dich ihrer, so wie sie mich von klein an aufgezogen!*

*Was ihr in euren Seelen hegt, weiß euer Schöpfer sehr wohl. Wenn ihr rechtschaffen seid, wird er bereit sein, denen, die sich zu ihm kehren zu vergeben.*

*Gewähre dem Nächsten sein Recht, ebenso dem Armen und dem ›Sohn des Weges‹! und du sollst nicht verschwenden.*

*Denn die Verschwender sind die Brüder der Satane. Undankbar war Satan seinem Schöpfer gegenüber. [...]*

*Wendest du dich von ihnen ab, im Streben nach Barmherzigkeit von deinem Schöpfer und Erhalter, die du erhoffst, gebrauche ihnen gegenüber verheißungsvolle Worte!*

*Sei nicht knauserig, doch öffne deine Hand auch nicht zu weit! Du sitzt sonst da, getadelt und verarmt.*

*Siehe, dein Schöpfer und Erhalter teilt den Lebensunterhalt reichlich aus, an wen Er will, und teilt ihn maßvoll aus. Siehe, Er ist vertraut mit seinen Dienern und schaut auf sie.*

*Tötet eure Kinder nicht aus Furcht vor Armut! Denn Wir versorgen sie und euch. Sie zu töten ist wahrlich eine schwere Sünde.*

*Naht euch nicht der Unzucht! Das ist etwas Schändliches – was für ein schlimmer Weg!*

*Und tötet keinen, den Gott zu töten verboten hat – es sei denn, rechtens! Wenn jemand unrechtmäßig getötet ist, so geben Wir die Vollmacht seinem Rechtsvertreter, doch überschreite er im Töten nicht das Maß! Ihm ist ja schon geholfen.*

*Vergreift euch nicht am Gut der Waise – es sei denn, dass es gutem Zweck dient -, bis dass sie ihre Reife erreicht hat! Haltet ein, was ihr versprecht! Denn das Versprochene wird eingefordert.*

*Und gibt volles Maß, wenn ihr messt. Und wägt mit der richtigen Waage. Das ist besser und führt zu einem schönen Ergebnis.*

*Folge dem nicht nach, wovon du nichts weißt; denn Ohren, Augen, Herz, nach allem diesen wird dereinst gefragt.*

*Gehe nicht einher auf Erden voll Überschwang; du kannst die Erde nicht durchqueren und kannst, in ihrer Höhe, die Berge nicht erreichen.*

Der Inhalt dieser Verse vermittelt die Botschaft, dass der Glaube Orientierung und Ausrichtung im Leben bietet und die Einstellung, Haltung und Handlungen der Menschen in allen Lebensbereichen prägt. Aus den aufgeführten Prinzipien ist zu entnehmen, dass der Islam als Ausdruck des Glaubens positive soziale Beziehungen versteht, das heißt ein Sich-Sorgen und eine Fürsorglichkeit für andere Menschen.

## Hingabe aus Liebe und Erkenntnis

In der islamischen Lehre ist Gott der einzige Schöpfer und Erhalter der Schöpfung, der Mittelpunkt der Gedanken und Überzeugungen. In den beiden Sätzen des Glaubensbekenntnisses geht es um die Anerkennung Gottes, der sich stets den Menschen und seiner Schöpfung zuwendet:

*Es gibt keine Gottheit außer dem einen einzigen Gott. Muhammad ist sein Gesandter.*

Die Hingabe zu Gott entspricht der Bedeutung des Wortes Islam, sie ist eine Hingabe aus Liebe und Erkenntnis, denn sie muss den inneren Frieden bewirken. Islam bedeutet keine willenlose und blinde Unterwerfung, sondern beinhaltet die Annahme der Einladung Gottes zum »Haus des Friedens«, wie es in Sure 10,25a heißt:

*Und Gott lädt ein zum Haus des Friedens und leitet, wen Er will, zum geraden Weg. Denen, die Gutes tun, soll das Beste zuteil sein und noch mehr.*

Das Leben ist eine »Prüfung«, denn um die wahre Nähe zu Gott zu erfahren, muss der Mensch sich zuversichtlich und aktiv den Herausforderungen des Lebens stellen. In Anwesenheit Gottes werden die schwersten Momente des Lebens erträglicher und annehmbarer:

*Im Gedenken an Gott finden die Herzen Ruhe und Gewissheit* (Sure 13,28).

Der Lebensweg des Menschen ist der Weg zur Vollkommenheit, eine ständige Reise aus der Finsternis ins Licht. Auf diesem Weg sucht der Mensch ständig die Nähe des Schöpfers bis eine Bindung entsteht, die nie aufgelöst werden kann. Diese Reise unternehmen diejenigen, die Gott erkennen, erfahren, ihn lieben und sich ihm anvertrauen. Das ist die Maxime für den Glauben, dessen Grundlagen der Glaube an die Einheit Gottes, Prophetie, Gerechtigkeit, das zukünftige Leben und das Gericht Gottes sind. Der Begriff *iymān* - der Glaube - bedeutet als Grundwort in der arabischen Sprache »sich sicher sein, sich anvertrauen, sich sicher und friedlich fühlen«. Der Glaube ist kein verbales Lippenbekenntnis, der keinen Einfluss auf Fühlen, Denken und Handeln hat. Er ist die innere und tiefe Gewissheit, dass es eine hohe Macht und Kraft gibt, die sich mit Liebe und Barmherzigkeit der Schöpfung zuwendet. Der Glaube ist die Sicherheit, dass der Mensch stets von dieser Kraft getragen wird und sie in sich trägt. Der Mensch trägt den Geist beziehungsweise die Eigenschaften Gottes in sich und ist verantwortlich, diese Potentiale durch seine Handlungen zu entfalten.

Im Qurān und in der islamischen Tradition sind 99 Namen Gottes bekannt, die als »Segensimpulse« wirken. 99 ist eine symbolische Zahl und steht für das Umfassende, das Ganze. Die Namen sind die möglichen Zugänge zu Gott, über die man diskutieren und meditieren kann, zum Beispiel wird Gott als der Heilige, der Schöpfer, der Verleiher des Friedens, der unparteiisch Richtende, der Vergeber bezeichnet. Die Namen beschreiben Gott durch seine Attribute, ohne sein Wesen zu enthüllen, zugleich sind die Eigenschaften in uns selbst angelegt, so können sie reflektiert werden und sie sind in den Beziehungen zur Schöpfung erfahrbar.

Die ersten Erfahrungen, die jeder Mensch macht, sind Liebe und Barmherzigkeit, die bereits im Mutterleib zu erleben sind. Barmherzigkeit bedeutet mitfühlen, mitleiden und in tiefer Verbundenheit stehen. Das arabische Wort ist *rahma* und stammt aus derselben Wurzel wie Mutterleib (*rahim*). *Rahim* ist der Ort, in dem die einmalige Verbundenheit zwischen Mutter und Kind entsteht; aus diesem Ort heraus entwickelt sich eine unvergleichliche Liebe und Verbindung, die insbesondere in entscheidenden Momenten des Lebens zum Ausdruck kommt.

## Ohren, Augen und Herz als Orte des Verstehens

Unmittelbar nach der Darstellung des Schöpfungsvorgangs werden drei Sinnesorgane des Menschen genannt, die besondere Bedeutung für die Orientierung und Gestaltung des Lebens innehaben: Ohren, Augen und Herz als Ort des Begreifens und des Verstehens: Der Mensch ist aufgefordert, die Zeichen Gottes zu hören, zu sehen und zu verstehen. Gott wendet sich den Menschen stets zu und tritt mit ihm in Dialog. Das Gebet, das oft im Qurān erwähnt wird und fünf Mal am Tag obligatorisch durchgeführt werden soll, ist der Ausdruck der Kommunikation zwischen Gott und Mensch. Im Gebet soll der Mensch Ruhe und Frieden finden und das Gebet dient als Grundlage der Beziehung zu anderen Geschöpfen und zur Schöpfung.

Die Sure 112 wird als Grundsatz des Monotheismus und der Einheit Gottes verstanden:

*Sprich: ›Er ist Gott, der Einzige, Gott, der Ewigwährende. Er zeugt nicht und ist nicht gezeugt. Und es gibt nichts, was ihm gleicht‹.*

Die Einzigartigkeit Gottes und sein ewiges Wirken wird hier ausdrücklich betont. Sein Wesen ist nicht wahrnehmbar mit den Sinnen und ergründbar mit den wissenschaftlichen Methoden; das innere Auge sieht ihn und das Herz fühlt seine Anwesenheit in allen Lebenssituationen:

*Wo ihr hinschaut, seht ihr das Angesicht Gottes* (Sure 2,115).

Der Glaube an Prophetie – an die Gesandten Gottes – ist ein weiteres Prinzip des islamischen Glaubens. Die Gesandten werden im Qurān als Zeugen (*shahid*), als Bringer der frohen Botschaft (*bashir*), als Warner und Erinnerer (*nazir*) bezeichnet. Sie sind Menschen unter anderen und zugleich Auserwählte Gottes, um seine Botschaft an die Menschen weiterzugeben. Die Anerkennung und Respekterweisung gegenüber allen Gesandten Gottes gehört zur islamischen Maxime. Es waren alles Menschen, die sich bereits vor ihrer Berufung durch herausragende Verhaltensweisen und ihr Engagement auszeichneten. Der Prophet Muhammad gilt für Muslime als letzter Gesandte Gottes und wird in Sure 33,45–46 als Zeuge, als Bringer froher Botschaft und Warner genannt, der wie eine leuchtende Sonne auf Gottes Weg führt:

*O Prophet, wir haben dich als einen Zeugen, als Bringer froher Botschaft und als Warner entsandt und mit Seiner Erlaubnis als einen Ausrufer zu Gott und als eine lichtspendende Leuchte.*

Ein weiteres Grundprinzip der islamischen Lehre ist die Überzeugung, dass es ein Leben nach dem Tod gibt und der Mensch am Jüngsten Tag vor dem Gericht Gottes zur Verantwortung gezogen wird. Der Mensch hat die Freiheit, sich für das Gute oder Schlechte, Recht oder Unrecht zu entscheiden.

## Das Gebet

Gott gewährt dem Menschen Denkvermögen, Vernunft und Entscheidungsfreiheit und er ist befähigt sein Leben frei zu gestalten. In seiner Freiheit ist er jedoch aufgefordert sich an Prinzipien zu halten. Der Auftrag »das Gute tun und das Schlechte meiden« ist ein zentraler Satz, der den Menschen auf seine Verantwortung aufmerksam macht.

Eines der Rituale ist im Islam das fünfmalige Gebet am Tag. Die Gebetszeiten weisen darauf hin, dass der Mensch inmitten seiner weltlichen Beschäftigung Zeit zu Einkehr und Ruhe finden soll. Der Tag beginnt mit dem Morgengebet, das bis vor dem Sonnenaufgang gesprochen wird. Die zweite Gebetszeit wird dann verrichtet, wenn die Sonne ihren höchsten Stand erreicht, ungefähr zwei bis drei Stunden danach wird das Nachmittagsgebet ausgeführt. Nach dem Sonnenuntergang ist die Zeit für das Abendgebet, dem dann das Nachtgebet als letztes Gebet am Tag folgt. Für die gesamte Tageszeit gibt es zusätzlich empfohlene Gebete und Bittgebete, die freiwillig verrichtet und gesprochen werden können. In einigen Traditionen gibt es für jeden Tag ein spezielles Bittgebet, das am Morgen nach dem Aufstehen gelesen wird.

Der Freitag ist nach dem islamischen Kalender der Feiertag der Woche, in dem die Muslime sich für das Mittagsgebet treffen, das im Verlauf anders als die übrigen täglichen Mittagsgebete gebetet wird.

### Die Pflichtabgabe

Das Gebet ist die Verpflichtung, die der Mensch gegenüber Gott hat, unmittelbar danach wird die Verpflichtung gegenüber anderen Menschen erwähnt. Jeder Muslim muss jährlich im Rahmen seiner Möglichkeiten einen Mindestsatz von seinem Einkommen beziehungsweise Vermögen an die Bedürftigen weitergeben. Darüber hinaus gehören Unterstützung und Hilfeleistung für Bedürftige und Notleidende zu den verpflichtenden Aufgaben, nicht nur die finanzielle Hilfe.

### Das Fasten

Auch das einmonatige Fasten im Jahr prägt das Leben der Muslime. Das Fasten bedeutet in der arabischen Sprache Enthaltsamkeit. Einen Monat im Jahr soll der Mensch sich intensiv bemühen, seinen Körper und seinen Geist unter Kontrolle zu haben. Verzicht auf Essen, Trinken und Geschlechtsverkehr und schlechtes Benehmen gegenüber anderen Menschen sind Bedingungen des Fastens. Dieses bedeutet eine Einschränkung in Handlungen, die zu den normalen alltäglichen Gewohnheiten gehören und die im Allgemeinen nicht vom menschlichen Leben wegzudenken sind.

### Pilgerreise nach Mekka

Einmal im Leben ist der Muslim/die Muslima verpflichtet, wenn er/sie die gesundheitlichen und finanziellen Voraussetzungen erfüllen kann, die Pilgerreise nach Mekka zu unternehmen. Die obligatorische Pilgerreise findet im 12.

Monat des Jahres (*zul hadscha*) statt. Durch die Rituale bedeutet diese Reise für die Muslime eine intensive Verbindung zum Propheten Muhammad, der an diesem Ort gelebt und zum Propheten berufen wurde sowie zu Abraham und Ismail, die das Haus (*die Ka'aba*) wieder erbaut haben. Die Erfahrung Hagars mit ihrem Sohn Ismail und ihre Suche nach Wasser in einem öden Land ist bei der Pilgerfahrt lebendig. Die Pilgernden laufen die Strecke, die Hagar gelaufen ist um Wasser zu finden, siebenmal hin und her. Die Quelle *Zamzam*, die damals Hagar und Ismail gerettet hat, sprudelt heute noch und die Pilgernden können daraus trinken. Dem Wasser aus dieser Quelle wird heiligende Wirkung zugesprochen und es wird gerne für die Familie, die Verwandten und insbesondere für Kranke mitgebracht.

Im Islam ist der Glaube stets mit Handlung verbunden. Die Formulierung »wer glaubt und Gutes tut« steht mehrmals im Qurān unmittelbar nebeneinander. Verbales Bekenntnis und Einhalten der Rituale, der Regeln, sind nicht ausreichend, vielmehr geht es auch darum, Gutes zu tun und Gutes zu bewirken. Was das Gute ist, wird in einigen Erzählungen konkretisiert und des Weiteren ist es in der Lebenspraxis des Propheten Muhammad zu finden, des rechtschaffenen Menschen, von dem in den Überlieferungen und Erzählungen berichtet wird.

## Bewahrung der Schöpfung Gottes

Die Schöpfung ist ein wertvolles Gut, die jedem Menschen für eine gewisse Zeit von Gott zur Verfügung gestellt wird. Die Sinnhaftigkeit des Lebens liegt darin, diese Leihgabe dankbar anzunehmen, auf sie achtzugeben und sie in bestmöglicher Form an die Nachkommen zu übergeben. Dieses verlangt Achtung vor der Schöpfung *und* sorgfältige Nutzung der Ressourcen und der Verteilung sowie ihre Erhaltung und Entfaltung.

Der Islam empfiehlt erzieherische Maßnahmen in Form von täglichen Ritualen, die den Menschen immer daran erinnern sollen, welchen Sinn sein Dasein auf dieser Welt hat. Die Rituale sind nicht willkürlich auferlegte Gebote, die Gott den Menschen aufgezwungen hat, ihre erzieherischen, sozialen und gesellschaftlichen Aspekte sollen insbesondere den schwachen Menschen eine Stütze und Hilfe sein, damit sie sich für das gerechte und friedliche Zusammenleben der Menschen einbringen können. Daher müssen sie freiwillig, bewusst und geprägt von Liebe und Vertrauen auf Gott durchgeführt werden, damit sie einen konstruktiven Einfluss auf die Taten der Menschen haben.

Diese Welt ist ein Ort des kurzen Verweilens, ein Aufenthaltsort für eine gewisse Zeit auf dem Weg zu einem *anderen* Leben, das sich niemand vorstellen kann und dennoch sind viele Menschen davon überzeugt, dieses Ziel zu erreichen. Darin liegt der Sinn des Lebens auf dieser Welt. Der Mensch ist davor gewarnt, Verderbnis auf diese Welt zu verursachen:

*Es ist Verderbnis auf dem Land und im Meer erschienen als ein Ergebnis dessen, was die Hände der Menschen gewirkt haben: und so wird Er [Gott] sie (das Übel von) manchen ihrer Taten kosten lassen, auf dass sie zurückkehren mögen* (Sure 30,41).

Dieser Vers ist eine Warnung an Menschen, die von Gier nach Gewinn und Macht getrieben sind und die jegliche Form der Ressourcen gedankenlos ausbeuten. Der Qurān stellt die Schöpfung als Schauplatz der Schönheit Gottes vor und erinnert durch die Bilder aus der Natur an die Schöpfungskraft Gottes. Die Einladung, die Schöpfung durch die Bilder der Natur anzuschauen und darüber nachzudenken, ist zugleich der Hinweis auf die Verantwortung des Menschen, diese angemessen zu nutzen und achtzugeben, dass die Schöpfung nicht ausgebeutet und zerstört wird.

Ebenso ist der fürsorgliche Umgang mit den Mitmenschen das Anliegen in zahlreichen quränischen Versen und Überlieferungen:

*Wir haben für die Kinder Israels verordnet, dass wenn jemand einen Menschen tötet – es sei denn für Mord oder für Verbreiten von Verderbnis auf Erden –, es sein soll, als ob er alle Menschheit getötet hätte; während, wenn jemand ein Leben rettet, es sein soll, als ob er aller Menschheit das Leben gerettet hätte* (Sure 5,32).

Der Qurān nimmt auch in diesem Vers ein mosaisches Gesetz auf und erhebt es zu einem universellen Gesetz, das von allen Menschen zu befolgen ist. Jede absichtliche Zerstörung oder Schädigung, wie gering sie auch sein mag, beschädigt nachhaltig eine Gemeinschaft.

## Das Gemeinwohl als Gebot

»Der beste Islam ist, dass du die Hungrigen speist und Frieden verbreitest unter Bekannten und Unbekannten,«[1] heißt es in einer Überlieferung. Für diesen Einsatz steht der Begriff *ğihād* im Qurān, der irrtümlich mit »Heiliger Krieg«

1 Muhammad Hussain Haikal, Das Leben Muhammads, o. Ort, o. Jahr, S. 186.

übersetzt wird. Die Bedeutung des Begriffes lässt sich mit ›intensives Bemühen, leidenschaftlich und nachhaltig für etwas Gutes eintreten‹ übersetzen. Das heißt, die Armen zu speisen, Obdachlose zu beherbergen, Institutionen für die Unterstützung der Bedürftigen zu errichten, Schulen und Ausbildungsstätten zu gründen, das sind gute Taten für die der Mensch sich einsetzen muss und die seinem Leben einen Sinn geben.

Das Gemeinwohl ist das Ziel der Normen, Regeln und Empfehlungen und in den Ritualen wird diese Zielsetzung besonders sichtbar. Aus den Aussagen im Qurān, die als Ziel der Offenbarungen und der Botschaft Gottes die Befähigung der Menschen für das Eintreten für Gerechtigkeit darstellen, ist zu erfassen, dass dieses Engagement zum Wesen der islamischen Lehre gehört. Zum einen ist das Bemühen um Gerechtigkeit eine religiöse Pflicht, zum anderen hat es die Funktion, die fundamentalen Bedürfnisse der Menschen zu befriedigen, damit sie in Würde und Freiheit leben können. Der Mensch ist Träger einer unveräußerlichen Würde, die ihm von Gott gegeben ist.

*Gewiss, Wir verliehen den Kindern Adams Würde; und Wir trugen sie über Land und Meer, und Wir versorgten sie mit guten Dingen und Wir zeichneten sie vor vielen von denen, die Wir erschaffen haben, aus* (Sure 17,70).

Teilen und Geben ist eine menschliche Grundhaltung und ein gesellschaftliches Aktionsprogramm, dem alle Menschen sich verpflichtet fühlen sollen. Es ist auch ein gemeinsames Anliegen der Religionen, diese Haltung zu fordern und zu fördern. In der islamischen Tradition gehört dies zu den guten Taten, die die Herzen der Menschen zueinander führen:

*Die gute Tat ist nicht der schlechten gleich. Weise das Schlechte mit etwas zurück, was besser ist, und gleich wird derjenige, mit dem du verfeindet warst, wie ein enger Freund sein. Aber es wird nur denen dargeboten, die geduldig sind, – nur einem, der großes Glück hat* (Sure 41,34–35).